La scom migliore amica

Copyright © **Cinzia Medaglia 2012**

e-mail: cinziamedaglia@cinziamedaglia.com

www.cinziamedaglia.com

ISBN: 978-14-775-8743-0

Autore: Cinzia Medaglia

Copertina di: Martin R. Seiffarth

Realizzazione editoriale: Martin R. Seiffarth

Printed in USA

Capitolo 1

Si era alzata appena prima delle sei come sempre e si era
preparata la colazione. Meticolosamente, come faceva per
ogni pasto. Tre gallette di riso con un filo di marmellata
dietetica alle more.
Ogni galletta trenta calorie più le trenta di due cucchiaini
di marmellata. Una colazione di cento venti calorie era
un buon modo per cominciare la giornata.
Martina accese il televisore e si sedette al computer; le
dita correvano veloci sulla tastiera. Ogni tanto staccava
un morso dalla galletta e nello stesso tempo ascoltava la
voce che veniva dal televisore acceso. Canale cinque,
telegiornale flash: la lite dei politici, un efferato delitto
con moglie sgozzata - cavolo, ma è possibile che siano
sempre le donne a subire! - il solito finale con lo sport.
*Adesso arriva il calcio. No, oggi c'è il motociclismo. Si
celebra Valentino Rossi per l'ennesima volta.*
Martina diede un'occhiata allo schermo.
*Uno dei pochissimi che appaiono in televisione che mi sia
simpatico!*
Aveva completato i test per la scuola. Le era rimasta
ancora una galletta.
"E se la lasciassi?" si chiese. *"Posso recuperare
mangiando un cracker a metà mattina."*
Allungò la mano verso la galletta, ne staccò un boccone
minuscolo, poi andò a buttarla.

Tornò con una grossa tazza di caffé. La sua bevanda preferita, buona, profumata, assolutamente priva di calorie.

Mentre sorseggiava, stampò il test.

Il suono del telefono la fece sobbalzare.

"Come stai, Martina?" Era la voce bassa e lagnosa della madre.

"Bene bene" rispose brusca. "Ma perché mi telefoni a quest'ora?"

"So che ti svegli sempre presto."

"Beh, non sempre."

Pausa.

Sta per dirmi qualcosa. Immagino già cosa. Io comunque non chiedo assolutamente niente.

"Sai, io e tuo padre... non abbiamo dormito questa notte."

Ecco la vecchia storia: mamma e papà preoccupati per me, e la solita frase "non abbiamo dormito pensando a te, ai tuoi problemi". E riecco il vecchio groppo che mi chiude la gola, un groppo di pianto e isterismo.

"Mi dispiace, mamma." La voce le era uscita aspra e forzata e la madre lo aveva colto.

"Dal tuo tono si direbbe che non te ne importi un granché."

Vuole battaglia, ha schierato i suoi primi soldati, se non mi oppongo, ne arriveranno altri. Forza, Martina, i soldatini ce li hai anche tu. No, meglio, tu disponi anche di carri armati. Se vuoi, puoi non limitarti alla difesa. Apri il fuoco, non esitare!

Invece esitò.

"Io e papà... abbiamo pensato che forse sarebbe meglio che tornassi a vivere con noi, perché vedi..."

Pausa.

I soldatini avanzano, i fucili spianati, ma non è con quello con cui colpiscono.

E' partito il colpo. Uno solo. E' una bomba a mano.

"Noi pensiamo che tu non sia in grado di vivere da sola. Sei troppo... "

Debole, insicura, sciocca.

"Troppo... fragile ancora. Noi ti conosciamo bene, bambina, noi sappiamo che..."

Basta! Se aspetti ancora, partiranno altre bombe.

"Voi non sapete niente, mamma... Lascia stare. Ho preso una decisione e la mantengo."

"Ma i tuoi dottori..."

"Lascia stare i miei dottori. E' da sei mesi che abito da sola e sto benissimo."

"Non mangi! Ti abbiamo visto, sai? Sei magra come un chiodo e poi..."

"Poi?"

"Non puoi, non sai occuparti di te stessa."

E' guerra, non una semplice battaglia, questa è guerra.

Vuoi la guerra, mamma? Sarà guerra, allora.

"Stai dicendo che sono un'inetta, che ho bisogno di qualcuno accanto? Forse, ma sicuramente non di voi e non adesso."

I soldatini svaniscono come fantasmi alla luce del giorno. All'orizzonte appare una donnina con uno straccetto bianco infilato su un bastone che tiene diritto sopra la testa. Tregua? E' troppo tardi per chiedere tregua.

"Martina, bambina mia" la voce si è fatta lacrimosa.

"Ti saluto, devo andare, altrimenti faccio tardi a scuola."

Ho cercato di controllare la voce che tremava di rabbia. Non ci sono riuscita.

Scese in strada che erano da poco passate le sette. Impiegava quasi un'ora a raggiungere la scuola con i mezzi. Autobus, metro e dieci minuti di trenino. Quest'ultimo affollato fino all'inverosimile. Era un sollievo ogni volta che scendeva, anche se d'inverno spesso faceva freddo e il vento le tagliava la faccia. Doveva anche farsi un paio di chilometri a piedi sugli stradoni di una provincia desolata.

"Potrebbe venire in macchina" le aveva detto la preside la prima volta che l'aveva convocata.

"Ma io non guido" aveva risposto lei.

"Male, male. Una donna moderna come lei."

Perché moderna poi? Per il modo con cui si vestiva, jeans e maglietta, o per la sua magrezza da adolescente, anche se aveva quasi trent'anni, o per il modo con cui trattava i ragazzi? Con loro le era rimasto un tono umoristico e allegro, tra il confidenziale e lo spiritoso. Solo con loro.

In metro si mise a leggere i grandi titoli del giornale gratis che aveva preso al volo dalla scala mobile.

Gli italiani sono felici. Il 75% degli italiani adulti si dichiara felice della vita che conduce, ma le donne...

"Ciao, Martina."

Lei sollevò gli occhi dal giornale di scatto. Davanti a lei stava in piedi un giovane. Alto, i capelli bruni e corti, gli occhi chiari dallo sguardo intenso. Bello come l'ultima volta che lo aveva visto, cinque anni prima.

Dallo stupore non riuscì a parlare subito.

"Martina, come stai?"

"Bene e tu?" Si era ripresa.

Lui continuava a guardarla con curiosità.

"Sei dimagrita."

Lei annuì. Se lo aspettava. Era la cosa più ovvia da dire.

"Tu invece non sei cambiato per niente."

"Grazie. Lo prendo come un complimento."

E' un complimento, Marco.

Martina si sentì tutt'a un tratto irritata. Guardò fuori dal vagone. Ancora mancavano sei fermate, sette minuti circa fino alla sua fermata, ma forse lui sarebbe sceso prima?

"Cosa fai adesso?" chiese lui.

"Insegno."

"Alle superiori?"

"Sì."

"Ti sei laureata in ..."

"Lingue."

"Ah... pensavo che avresti fatto lettere."

"Sì, ero indecisa, però poi... "

"Mi ricordo che avevi partecipato a quel concorso letterario per i racconti quando eravamo al liceo. E avevi vinto il primo premio. Scrivevi bene. Pensavo che avresti fatto la giornalista. O la scrittrice."

Quella parola, *scrittrice*, pronunciata con la sua erre moscia, gli ruotò in bocca come fosse una scioglilingua.

Perché continua a guardarmi con occhi avidi? Sta cercando di capire che cosa è divenuto di me. Adesso si starà chiedendo: "quella magrezza sarà sana, o... patologica? Ah ah, sguardo alla mano destra. Vuole sapere se... sono sposata?

"E tu, stavi studiando economia alla Bocconi, no?" domandò lei.

"Sì, adesso lavoro in azienda."

Martina assentì. In realtà non le importava nulla di ciò che faceva Marco, ma un'altra domanda le bruciava sulle labbra.

"Senti e ... Alida? Siete ancora insieme?"

Lui ebbe un moto di autentico stupore. Poi, con imbarazzo, quasi balbettando:

"Come... non lo sai? Io e Alida ci siamo lasciati tre anni fa e poi ho saputo che Alida è..."

S'interruppe: il suo sguardo suggeriva qualcosa di tragico. Qualcosa che non aveva il coraggio di dire.

Morta? Malata? Finita... male?

"Scomparsa."

"Scomparsa? Come *scomparsa*. Vuoi dire morta?"

"No, proprio scomparsa. Una sera è uscita e da allora nessuno l'ha più vista. Ma scusa... è successo un anno fa circa, cioè meno, in settembre. Tutti i giornali ne hanno parlato. Non lo hai sentito?"

No, non leggevo i giornali un anno fa, ero troppo impegnata a ricostituirmi. Avevo appena appena tempo per me stessa.

Prima si era augurata che la loro conversazione si interrompesse il più presto possibile, adesso invece avrebbe voluto sapere di più.

Marco le fece un cenno di saluto mentre il metro si fermava a "Duomo".

Fu tentata di seguirlo e chiedergli ancora di lei, della sua amica, di ciò che le era accaduto, ma lui ormai era lontano con la sua valigetta sotto il braccio.

Capitolo 2

Martina arrivò in classe puntuale. Fece le fotocopie del test che distribuì agli allievi con qualche indicazione: "Avete un'ora di tempo, scrivete direttamente sulle fotocopie, tutto in penna. Ricordatevi il nome."
Faceva quel lavoro da soli quattro anni, eppure le sembrava così scontato, ovvio, ripetitivo. Spiegazioni esercizi verifiche test voti scrutini, anno dopo anno, sempre allo stesso modo. Forse presto avrebbe anche visto i suoi allievi in quel modo: l'uno la copia dell'altro, classe dopo classe.
La secchiona, il ribelle, la trasgressiva, il timido, il brillante, la "leggera", l'imbranata, la debole...
Ma questa volta il fatto di non dover pensare a ciò che stava facendo le tornava comodo, così poteva concentrare tutti i suoi pensieri su ciò che Marco le aveva detto.
Si sedette alla cattedra, lo sguardo fintamente vigile sugli allievi, in realtà assorbita totalmente da quell'unico pensiero: la scomparsa di Alida.
Ricordava l'ultima volta che l'aveva vista. Doveva essere quattro anni prima. Era uscita da tempo dalla clinica e già lavorava a scuola.
Alida era insieme a Marco, seduta su una panchina. Martina era passata di corsa, ma aveva lo stesso scattato quella fotografia che le era rimasta impressa nella mente: lei tra le sue braccia, i capelli neri e ricci che cadevano sulle mani di lui, degli occhi aveva solo intuito lo

sguardo, ma sapeva che era brillante, spensierato, perché Alida era solo e sempre brillante e spensierata, Loro non dovevano averla vista, troppo concentrati l'uno sull'altra. E lei era tornata a casa di corsa piangendo e singhiozzando così forte che il respiro le era rimasto strozzato in gola.

"Non voglio più pensarci" si era ripromessa.

Ed era riuscita: sempre durante le sue giornate, occupate dal lavoro di mattina, dallo sport nel pomeriggio e da Francesco di sera... Soltanto i sogni notturni le riportavano ancora e ancora l'immagine dell'amica, intessuta in quadri più grandi e complessi, in storie intricate e assurde che portavano a galla ricordi che pensava di aver cancellato per sempre.

Ma di giorno l'imperativo era: *dimentica, dimentica Alida, dimentica te stessa, dimentica.*

E adesso tornava con prepotenza nella sua vita, i pensieri che erano stati relegati in qualche angolo polveroso della soffitta della memoria riapparivano più vividi che mai, e, con essi, sentimenti, gesti, sapori. Martina prese un foglio di carta; doveva scrivere per pensare. O meglio, non riusciva a pensare senza scrivere, come se scrivere fosse una sua funzione, pensare no. Cosa aveva detto Marco?

"Pensavo che avresti fatto la giornalista." *Già e invece, guarda un po'!, Marco, che sfiga, tu fai il capo e io sono una povera insegnante. Perché non ho mentito? Perché non ho detto di avere un contratto con un grande editore*

*per un romanzone? Una scrittrice con tutte le erre al posto
giusto. Queste sì sono le cose che fanno effetto sui tipi
come Marco... Ma per quale ragione avrei dovuto mentire?
Per fare effetto su di lui anche solo per pochi minuti? Che
cosa m'importa di Marco? Penso a lui in questo modo
perché mi ha portato via Alida? Sciocchezze, Martina, se
non fosse stato lui, sarebbe stato qualcun altro. Lo so, l'ho
sempre saputo, me lo sono ripetuto per anni.*

" Faabio!!" gridò a un certo punto vedendo che uno dei
suoi allievi aveva raccolto qualcosa da terra.

"Prof, è una gomma" fece quello mostrando un oggetto.

Martina assentì.

Il foglio bianco la guardava. In grande scrisse: *Alida è
scomparsa.*

Che cosa significava "scomparsa"? Sparita, dileguata nel
nulla, oggi ci sei, domani non più. Aveva letto da qualche
parte che migliaia di persone scompaiono ogni anno.
Persone di cui non si trovano le tracce, alcune scappate
in paesi lontani (o magari anche vicini), altre però morte,
suicide o uccise.

Suicidio: no, scrisse sul foglio.

Alida non si sarebbe mai suicidata, qualsiasi cosa le
fosse accaduta nella vita, Martina era sicura che non si
sarebbe mai tolta la vita. Amava vivere, a qualunque
condizione sarebbe sopravvissuta, anche facendo
l'accattona o la puttana. Più probabilmente la seconda
che la prima. Quindi rimanevano le altre due probabilità:
fuggita o uccisa.

Martina scrisse: *Fuga*, e subito accanto: *perché???*
Come posso rispondere a questa domanda? Io della vita di
Alida non so più niente. Ormai da sei anni. In questi sei
anni può essere accaduto di tutto. Prima era insieme a
Marco, che all'apparenza era un tipo tanto figo, ma dentro
un banale normalone. Sì, la fuga è una possibilità. Ma non
la sola. L'altra è … l' omicidio.
Tracciò la parola, quasi con fatica, sulla seconda parte
del foglio.
Alida poteva essere stata uccisa. Picchiata, strangolata,
accoltellata, forse…
Martina si alzò dalla cattedra, muovendosi irrequieta per
la classe. Aveva mal di stomaco, un tè le avrebbe fatto
bene, ma quello dei distributori automatici della scuola
era zuccherato. Quanto zucchero poteva contenere un
bicchiere di tè? Non lo sapeva e, non riuscendo a
conteggiare le calorie, non osava berne. Poteva prenderne
in abbondanza a casa. Senza zucchero naturalmente.
Mancavano cinque minuti alla fine della lezione.
Finisco l'ora, poi chiedo un permesso inventando che sto
male, fingo un gran mal di pancia e me ne vado diritta a
casa a cercare su Internet tutto quello che può esserci su
Alida. Ne hanno parlato tutti i giornali, ha detto Marco.
Guarderò negli archivi a pagamento del "Corriere della
Sera" e del "Giorno".

Alida era una sua compagna di classe del liceo. Nei primi
due anni, al ginnasio, non si erano neppure guardate. A

malapena un "ciao", un "come va?", un'occhiata distratta. Dopotutto Alida non meritava di più. Era insignificante tanto d'aspetto quanto di carattere. Fino a quindici anni una faccetta pallida, il naso sottile e la bocca infantile che mostrava due incisivi bianchi un po' discosti che facevano molto ragazzina. Martina, invece, era una bionda graziosa, con gli occhi chiari luminosi e la pelle trasparente. Una che non era mai passata inosservata. Non solo per i tratti delicati del viso, ma anche per il corpo snello, il collo lungo, i modi timidi e giocosi che le avevano attirato il soprannome di Audry. Come l'affascinante Audrey Hepburn di "Colazione da Tiffany".

Aveva sedici anni ed erano alla gita scolastica quando Martina aveva "scoperto" Alida. Per caso si erano trovate sedute in due posti vicini nel pullman, per caso erano finite nella stessa camera, per caso si erano trovate ad accarezzarsi nello stesso letto dopo una bevuta in un bar con tutta la compagnia.

Non sapeva neppure se le era piaciuto. La pelle morbida della ragazza contro la sua, i tocchi timidi della lingua, le guance setose, le accennate rotondità dei fianchi… era stato tutto così diverso da quello che aveva provato fino ad allora con i ragazzi con cui era stata. E poi quell'odore strano. Così simile al proprio e nello stesso tempo diverso. Forse odore di donna?

Di una cosa però era sicura: non aveva voglia di avere una relazione con Alida.

14

"Ma tu sei lesbica?" aveva chiesto preoccupata il mattino dopo ad Alida che si puliva i denti al lavandino.

"Lesbica? Ma stai scherzando?" aveva risposto lei con la bocca piena di dentifricio. Si era risciacquata la bocca e poi, altrettanto preoccupata, aveva domandato:

"E tu?"

"Certo che no."

"Sono la prima che baci?"

"Sì, cioè la prima donna naturalmente" aveva aggiunto con malizia.

"Beh, si capisce."

Si era voltata verso di lei, i capelli neri a boccoli sulle spalle nude, il viso dalla pelle chiara, ma tinto di rosa sulle guance infantili.

Non aveva potuto fare a meno di pensare che era bella, no forse non bella, qualcosa di più o qualcosa in meno, qualcosa per cui trovava le parole, ma che le dava sensazioni strane.

Erano uscite insieme per unirsi ai compagni. Alida allegra e spensierata e lei anche. Almeno in apparenza. Quando l'aveva vista uscire a braccetto con Eleonora, una delle compagne fighe, aveva sentito una piccola puntura allo stomaco.

"Non è che sia gelosa?" si era chiesta e poi subito dopo: "Oh, mio Dio. E se fossi veramente lesbica?"

Forse per cacciare quel pensiero, non l'aveva più cercata. Né l'aveva cercata Alida. Probabilmente per la stessa ragione.

Quando suonò la campanella, quasi si precipitò fuori.

"Hai finito, Martina?" le chiese la sua collega di francese, passandole vicino con un grosso pacco di compiti.

"No, cioè sì. Vado a casa, non sto bene."

"Oh, veramente? Che cos'hai?"

"Mal di stomaco, nausea, mi gira la testa..."

Aveva mentito, ma, appena ebbe finito di pronunciare queste parole, sentì di provare tutti i sintomi.

"E' perché sei troppo magra" commentò quella con convinzione.

Martina non le rispose.

Sapeva che lo avrebbe detto. In fondo il fatto che fosse magra costituiva sempre una ragione per tutto e a portata di mano di tutti.

"Vado a dirlo alla vicepreside" disse Martina.

Mezz'ora dopo era di nuovo in metropolitana, e dopo un'ora a casa. Seduta al computer con una tazza di tè davanti e un pacchetto di cracker sezionati in quadratini. Non più di cento calorie. La mano le tremava mentre digitava il nome dell'amica nell'archivio a pagamento dei quotidiani scelti.

Capitolo 3

Non ci aveva messo molto a raccogliere una grande
quantità di materiale: ben 70 pagine tra articoli e
trafiletti vari usciti dopo la digitazione di *Alida Colombi
mese settembre 2005.*

Non aveva neppure letto, soltanto inviato alla stampante
che adesso sputava fogli su fogli.

All'una suonò il cellulare: era Francesco.

"Ciao, bambolina, come stai?"

"Non benissimo."

"Che è successo?"

"Niente di particolare, sono un po' storta."

"Ah... Ne parliamo stasera magari."

"Ok."

"A che ora posso venire?"

"Quando esci dal lavoro, come sempre. Ti preparo
qualcosa?"

"Se non è niente di dietetico..."

"Ok, ok."

"Ho voglia di vederti e..."

Dai, non fare l'appiccicoso, lasciami stare adesso.

"Ciao, Fancesco."

Martina si sedette sulla poltrona e cominciò a scorrere i
fogli. In più della metà trovò le stesse informazioni. Prese
un quaderno e la penna. Cominciò a scrivere:

*Alida Colombi, ventisette anni, capelli scuri, lunghi, occhi
castani, altezza circa un metro e sessanta cinque. L'ultima*

volta che è stata vista indossava un abito nero, scarpe con
il tacco, una collanina d'oro con pendaglio a forma di luna.
Ha lasciato il club in cui lavorava da sola per recarsi a un
appuntamento non ben precisato. Da allora nessuna l'ha
più vista.

Alida si era laureata un anno prima all'ISEF. Lavorava
come istruttrice e personal trainer in un club di lusso alla
periferia di Milano. Viveva con la madre e sembra che, al
momento, non avesse legami sentimentali, ma tante
amicizie, soprattutto maschili. Conduceva una vita sociale
piuttosto intensa. Usciva spesso: andava a feste, in
discoteca, al ristorante, e, anche se meno di frequente, a
cinema e a teatro.

Con una forbice ritagliò una delle foto che ritraeva Alida
in primo piano, la più bella. Il viso ovale e luminoso
sorridente, sopra le guance piene risaltavano occhi
grandi e spensierati. Esattamente come la ricordava.
Ricominciò a scrivere:

Alida era una ragazza serena, apparentemente senza
problemi. Tutti quelli che la conoscevano hanno escluso il
suicidio.

Due possibilità:

→ Alida se n'è andata, ha lasciato il paese, è nascosta da
qualche parte

→ è stata uccisa.

Martina riprese i fogli e cominciò a sottolineare le
principali informazioni degli articoli. Poi scrisse:

Alida è scomparsa venerdì 12 settembre 2005. Per l'ultima volta è stata vista quando è uscita dalla palestra in cui lavorava alla nove di sera. Non ha preso la sua automobile. Aveva detto che sarebbe "uscita", ma non dove si recasse o con chi.

La polizia ha seguito diverse "piste". Essenzialmente indagando tra le amicizie di Alida ovvero tra le persone che frequentava maggiormente. Non è emerso nessun nome.

Gli articoli su Alida cominciavano a diradarsi a partire da cinque giorni dalla scomparsa. Nessuna novità, finché, già dopo tre settimane, di Alida non c'era più traccia. Dimenticata.

Una volta tornate dalla gita, lei e Alida avevano continuato a ignorarsi. In classe frequentavano gente diversa e fuori da scuola non c'era occasione di parlarsi. Un'occasione che peraltro nessuna delle due aveva cercato. Il rapporto tra di loro era ricominciato di nuovo per caso, due anni dopo. In biblioteca. Dove Martina si trovava per piacere, Alida per dovere. Si vedeva che si trovava a disagio in quel posto pieno di libri.

"I libri non mi piacciono" aveva detto con una smorfia di disgusto.

"A me sì, molto" aveva ribattuto Martina.

"Lo so. In classe, nelle interrogazioni, citi sempre questo e quello."

"Ascolti le interrogazioni?"

"Quando proprio non c'è nient'altro da fare..."

"Però forse dovresti anche tu leggere un po'."

"Già, dovrei farmi forza vero? Altrimenti a trent'anni sono ancora qui!"

Alida era stata bocciata una volta e ogni anno aveva due o tre debiti.

Martina si era messa a ridere.

"Io però leggo non perché debba, ma perché..."

"Ti piace, lo so, è questa la cosa grave."

"Mio Dio" aveva pensato Martina" non la facevo così ignorante..."

"Guarda che non sono un'ignorante" aveva sbottato Alida. "Vedo film, navigo in Internet, i libri non sono il solo mezzo..."

Martina era rimasta a bocca aperta. Le aveva letto nel pensiero? No, era la sua faccia a essere troppo espressiva!

Erano andate a sedersi su una panchina nei giardini vicino alla biblioteca, mangiando un gelato.

"Hai più pensato a quello che è successo in gita?" aveva chiesto Alida.

"Diverse volte e tu?"

"Sì, e mi sono sempre stupita."

"Perché?"

"Perché non pensavo che un tipo come te potesse fare una cosa così..."

"Un tipo come me? Che intendi dire?"

"Un tipo... perfettino, che sembra tutta casa e chiesa. E scuola."

"Beh, vedi così perfettina non sono!" Martina era irritata. Che cosa ne sapeva quella stupida di lei, come si permetteva di giudicare? Già, giudicare... ma lei non l'aveva appena giudicata un'ignorante?

Martina, sempre decisa e definita nei suoi giudizi, esitava.

"Non ti arrabbiare, dai... L'ho detto nel senso buono" aveva detto Alida.

Martina aveva abbozzato un sorrisetto che le era venuto storto e l'amica le aveva messo la mano sul braccio. Con tenerezza.

"Veramente... Non volevo dire una cattiveria. Dal mio punto di vista quelli che ti ho fatto sono complimenti. Io non sono perfettina per niente. Anzi, tutto al contrario."

"Non è vero. Sai che sei molto carina. Quest'anno in classe ti stanno tutti dietro."

Ad Alida era scappato un sorriso compiaciuto.

"Credi anche tu? Me lo hanno detto le mie amiche..."

Di nuovo la mano sul braccio, un tocco leggero delle dita.

"Comunque essere molto carina non c'entra con essere perfettina" aveva concluso con una risata.

Le risate di Alida, Martina lo avrebbe imparato presto, arrivavano sempre all'improvviso e si spegnevano all'improvviso lasciando un'eco di euforia.

Si erano viste il giorno dopo e il giorno dopo ancora.

Martina si accorgeva che attendeva d'incontrare l'amica come se fosse un fidanzato.

Un sabato sera Alida era andata a dormire da lei quando i suoi genitori erano via per il week-end. E allora aveva capito.

Martina depose il quaderno. Si sentiva molto stanca e debole. Doveva mangiare ancora qualcosa. Era pomeriggio ormai e non era arrivata a trecento calorie. Prese un vasetto di yogurt magro bianco dal frigorifero, ci immerse un cucchiaino colmo di miele.

Più di cento calorie, anche cento cinquanta.

Poi riempì un bicchiere di acqua minerale frizzante spremendoci dentro mezzo limone. Tornò alla poltrona con in mano i suoi appunti.

Mi chiedo se la polizia abbia indagato con serietà oppure se abbia pensato che Alida se ne fosse semplicemente andata di casa.

Negli articoli si parlava poco della famiglia: si diceva essenzialmente che viveva sola con la madre. Senz'altro l'avevano interrogata, ma probabilmente sapeva poco della vita della figlia. Alida non le raccontava mai niente. Neanche da ragazza, figuriamoci da adulta! Eppure la madre sarebbe proprio la prima da cui cominciare. Chissà se abitava sempre in quell'orribile appartamento nel quartiere Gallaratese?

Vediamo sul librone del telefono, "librone del telefono"... Questa è una di quelle parole ridicole che usava Alida. Quante parole ancora dico che appartengono a quel periodo, al "tempo di Alida"? Fino a quel momento non ci

aveva fatto caso, ma adesso... *Sì, la via è sempre quella,*
anche il numero di telefono.

Avrebbe chiamato la madre, le avrebbe chiesto se poteva
andare a trovarla per parlare di Alida, lei la conosceva, si
erano frequentate per un periodo molto lungo.

Martina finì di mangiare lo yogurt, bevve l'acqua a piccoli
sorsi, poi si distese sul divano. Si addormentò senza
neppure accorgersi, immersa in sogni che
assomigliavano ai suoi ricordi più intensi.

La svegliò il suono del cellulare. Era Francesco.

"Sto arrivando."

"Come?"

"Ho detto che sto arrivando."

Martina gettò un'occhiata all'orologio: le sei.

Ma quanto ho dormito?

"Ok."

"Non sembri entusiasta."

"Mi sono appena svegliata."

"Hai dormito? Fino a quest'ora?"

"Ti ho detto che non stavo molto bene."

Lasciami stare adesso, non ho voglia di parlare.

Spense il cellulare e andò in bagno.

Lo specchio le rimandò la solita faccia magra e carina,
due grandi occhi chiari, il naso fine.

Francesco diceva che era bellissima. Non mentiva, lui lo
pensava realmente, ma lei sapeva di non esserlo. Carina,
graziosa, non bella, tanto meno bellissima. Neppure Alida
era bellissima, ma, come la ricordava dall'ultima volta,

sensuale, intrigante. Da quella ragazzina pallida e insignificante era sbocciata una donna dall'aspetto seducente.

Martina si lavò energicamente la faccia, mise un filo di rossetto, poi un pensiero che la colpì come una scarica elettrica.

Oh Dio, non ho fatto sport! Oggi è il primo giorno da mesi in cui non vado a correre. Come può essere successo? E se uscissi adesso? Ma no, che sciocchezza... A momenti arriva Francesco.

Infatti stava suonando il citofono. Martina aprì e rimase sulla porta ad aspettare che salisse le scale.

Quando lo vide, il solito sorriso affettuoso, gli occhi innamorati, pensò che avrebbe dovuto preparargli una cena e che lei odiava cucinare.

Capitolo 4

L'indomani, da scuola andò direttamente a casa di Alida.
Ricordava perfettamente come arrivarci.

Metropolitana rossa fino alla fermata Uruguay, poi due
fermate di un autobus che non passava mai, oppure
ottocento metri a piedi.

La casa... la contemplò per qualche istante come
incantata: era esattamente la stessa. Brutta, scalcinata,
fatiscente. "Un posto di merda" diceva Alida che la odiava.
Anche per questo aveva voluto, nonostante la sua
mancanza di talento e di impegno nello studio, frequentare
un liceo prestigioso nel centro città, il più lontano
possibile da quel brutto quartiere di periferia.

Martina premette uno dei tasti bruciacchiati del citofono,
mentre dal portone uscivano due ragazzetti sui tredici
anni che la guardarono in modo provocatorio mormorando
qualcosa tipo "bella figa". Lei s'infilò nell'ascensore senza
dire una parola.

La madre di Alida era cambiata parecchio. La ricordava
bionda e magra con il viso scavato e nervoso e occhi scuri
sempre pesantemente truccati. Adesso aveva i capelli grigi,
il corpo che strabordava da una specie di camicione e il
viso gonfio. Soltanto gli occhi erano rimasti gli stessi, neri,
con un carico di trucco grottesco.

"Buon giorno" la salutò con un sorriso malinconico. "Si
accomodi."

Si sedettero nella minuscola sala su due poltrone di color marrone che apparivano sorprendentemente nuove, perché Martina ricordava che c'erano già ai tempi in cui lei frequentava quella casa. *Forse la signora Colombi è di quelle sagge massaie che, quando non ci sono ospiti, ricoprono i mobili con tessuto o con cellophane per non rovinarli?*

"Vuole un caffè?"

"No grazie, signora."

"Un bicchiere d'acqua, allora."

"Sì, grazie."

Si muoveva lentamente; entrò in cucina, Martina sentì che apriva il frigorifero. Tornò con un bicchiere d'acqua su un vassoietto.

Si risedette con pesantezza e la guardò.

"Posso darti del tu? Ci davamo del tu, mi pare quando..." Lasciò la frase in sospeso.

"Sì, certo."

"E' tanto tempo che non vieni qui, vero?" disse.

"Cinque anni, più o meno."

L'ultima volta era stato per restituire un libro ad Alida. Non era quella la vera ragione, era solo un pretesto per rivederla. Ma non l'aveva trovata. L'aveva dato alla madre.

"Non hai più visto Alida da allora?"

"Già."

Ci fu una breve pausa di silenzio. Poi Martina decise che era ora di parlare. Quella donna le faceva pena, le aveva sempre fatto pena, ma non doveva farsi dominare dall'imbarazzo e dalla compassione.

"Come le ho detto al telefono, purtroppo ho saputo soltanto ieri che Alida è scomparsa. Io non leggo giornali, e beh... sì, insomma, non sapevo niente. Me lo ha detto ieri Marco, il suo ex fidanzato. L'ho incontrato per caso in metropolitana."

Sulle labbra della donna spuntò una specie di sorriso.

"Ah sì, Marco. L'ho visto al commissariato una delle volte in cui ero andata a chiedere notizie di Alida."

"In quel periodo, cioè l'anno scorso, uscivano ancora insieme?"

"No, o almeno non credo. Io e Alida non parlavamo tanto, cioè lei non si confidava per niente con me. Non lo ha mai fatto neanche quando era ragazzina, però, più o meno, vedevo e intuivo."

"Aveva un fidanzato?"

"Uno? Tanti..." Le scappò un sorriso malizioso.

L'avvenenza della figlia doveva essere stato un motivo di orgoglio per lei. Tornò subito seria:

"Non credo che avesse nessuno di ... fisso. Erano solo delle «storie» diceva."

"Ma nominava qualcuno in particolare?"

"Come ho detto, non si confidava, pero sì qualche nome lo diceva, anzi qualche cognome. Le piaceva chiamare la gente per cognome."

Questa volta fu Martina che sorrise. E' vero: quella era una buffa abitudine. Spesso chiamava anche lei per cognome.

"Per esempio diceva: «Esco con il Sermani oppure vado a casa della Del Frate o mangio con la Villa.» Comunque quello che so è che, da quando aveva cominciato a fare l'istruttrice, Alida frequentava tanta gente di quel club. Gente su, gente che..."

S'interruppe come presa da un pensiero improvviso:

"Ma perché mi stai facendo tutte queste domande? Al telefono mi hai detto che mi volevi parlare di Alida..."

La fissava con i suoi occhi neri e tristi.

"Non è perché non mi piaccia parlare di mia figlia, sai? Non è come se fosse morta e sepolta, anzi..." fece un gesto con il dito indicando la testa. "Alida è qui nella mia testa. Quante volte ancora parlo con lei ad alta voce... Io avevo soltanto lei. Anche se stava poco in casa, anche se passavamo poco tempo insieme, per me era ... era... "

Gli occhi le si riempirono di lacrime. Martina la guardava in silenzio.

Se fosse stata un'altra l'avrebbe abbracciata o forse le avrebbe stretto le mani nelle sue, o avrebbe preso uno dei fazzolettini di carta sul tavolino davanti a lei e le avrebbe asciugato le lacrime come a una bambina. Forse Alida lo avrebbe fatto anche se non le importava niente degli altri, ma semplicemente perché era il gesto da fare in quel momento.

Martina rimase seduta e cominciò a parlare, lo sguardo impotente sulle lacrime che scendevano lungo le guance gonfie della donna.

"Io... io... sono molto imbarazzata, signora. Non so neppure io perché sono venuta qui e le sto facendo tante domande. Vede, io ad Alida ho voluto molto bene e quando ho saputo della sua scomparsa, mi sono accorta che ancora tengo a lei. Io, ecco, io credo di essere venuta perché vorrei sapere che cosa le è veramente successo."

"Ma la polizia ha fatto delle indagini e non ha scoperto nulla!"

"Sì, però forse non hanno indagato a fondo. Forse... "

"Hai ragione, Martina. Non posso che darti ragione." Improvvisamente la donna sembrava essersi animata.

"Anch'io penso che non abbiano indagato a fondo. Erano convinti che fosse inutile. Dicevano che se n'era andata, fuggita con qualcuno «Sapesse quante volte succede, signora» mi hanno detto. «Un colpo di testa, poi dopo qualche anno chiamano, si riconciliano, vedrà, succederà così». Ma io non lo credo. Conosco Alida abbastanza per sapere che mi avrebbe fatto sapere qualcosa: una telefonata, una cartolina, un messaggio. Alida, a suo modo, mi voleva bene, non mi farebbe soffrire così."

Fece una piccola pausa come per prendere fiato.

"E se anche così fosse, ebbene vorrei averne la sicurezza. Sì, vorrei una qualche certezza. Anche se fosse... "

Non pronunciò la parola che doveva essersi ripetuta migliaia di volte e che Martina intuì: morta.

Si alzò e prese un album da un cassetto della credenza.

Poi si risedette, pesante, gli occhi socchiusi.

"Qui ci sono le fotografie di Alida, tutte recenti, forse possono esserti utili."

Si passò una mano tra i capelli grigi. Aprì l'album sulla prima pagina scuotendo la testa.

"Credo che sarà molto difficile."

"Che cosa?"

"Scoprire che cosa le è successo. E' passato quasi un anno."

"Lo so, però voglio tentare. Dopo tutto..." non sapeva come continuare e tacque.

"Io comunque ti aiuterò come posso."

"La ringrazio."

Quando uscì dalla casa di Alida, erano le quattro.

Aveva rifiutato il piatto di pasta offertole, ma adesso sentiva un tale vuoto allo stomaco che le dava i capogiri.

Si infilò in una panetteria dove comprò un panino integrale e una bottiglietta di acqua minerale. Mentre mangiucchiava il panino, seduta su una panchina di un parco giochi, pensava a tutto quello che la madre di Alida le aveva raccontato:

"Mi è dispiaciuto tanto quando tu e Alida non vi siete più viste. Io trovavo che tu avessi un'influenza positiva su di lei. Soprattutto per lo studio. So che tu sei sempre stata una studentessa modello, ma lei... ha voluto fare quella scuola così difficile, il liceo classico, però non le piaceva studiare. Per questo mi sono meravigliata che dopo abbia scelto di andare all'università. Pensa che aveva già trovato un posto fisso. Ti ricordi?"

"Sì, mi ricordo. Era in quel negozio di telefonini in cui aveva lavorato un mese durante le vacanze."

"E le avevano anche offerto di restare lì con un'ottima retribuzione!"

Martina sapeva anche questo; era proprio lei che l'aveva dissuasa. "Non vorrai mica fare la commessa per tutta la vita" le aveva detto. "E perché no?" "Perché sei... sprecata e, conoscendoti, ti stuferai presto." Non ci aveva messo molto a convincerla. A quel tempo aveva molta influenza sull'amica, del resto.

"Martina, io non so perché voi abbiate litigato, cioè perché due buone amiche come voi si siano separate così improvvisamente. Ci ho pensato, sai? Avevo anche chiesto ad Alida, ma lei non mi diceva mai niente. Poi avevo concluso che doveva essere per un ragazzo. In genere i litigi avvengono per un ragazzo."

"Sì, più o meno è stato così anche per noi."

"Per Marco?"

"Sì, per Marco."

"Lo conoscevi bene, vero?"

Questa donna sa e capisce molto di più di quanto abbia pensato.

"Sì, era un nostro compagno di liceo, era più grande di noi e..."

"Sapessi quante volte è venuto da noi... Era diventato praticamente uno di famiglia. E io gli volevo bene. Un così bravo ragazzo. Era come... fidanzato in casa. Io pensavo che Alida lo avrebbe sposato, anzi, lei una volta me lo aveva detto e sono sicura che non stesse scherzando: «Mamma, tieni pronto il fazzoletto. Presto mi sposo.» E aveva fischiettato il motivo della musica nuziale. "

"E poi cosa è successo?"

"E chi lo sa... Da un giorno all'altro Marco è sparito. Telefonava, mandava fiori e bigliettini, ma non l'ho più visto, fino a dopo che Alida è sparita. L'ho incontrato al commissariato dove lo avevano convocato per interrogarlo, dopo tutto era stato l'ultima relazione seria di Alida. Credo almeno. Ed era così addolorato. Piangeva come un bambino."

Non mi è sembrato così addolorato quando l'ho visto io. Ma forse è questione di tempo. Sono passati nove mesi. La gente si rassegna e poi, a poco a poco, dimentica.

"Quando si sono lasciati?"

"Mmmh, circa tre anni fa, cioè due anni prima che Alida ... Doveva essere autunno perché Alida aveva detto qualcosa come: «Tutte le mie storie importanti finiscono in autunno.»"

Tutte le mie storie importanti... Come la nostra. In novembre.

"Io non ho capito perché Alida non volesse più vederlo. Sapessi quanti mazzi di fiori ha mandato quel povero ragazzo, ma Alida, niente, imperterrita. «Non m'interessa più» diceva. «E' finita.» Non ne ho cavato nient'altro. E se si faceva una domanda in più, lei scattava, e allora non ho più chiesto."

"Ha avuto altre storie dopo?"

"Non lo so. Usciva tanto: tre quattro sere alla settimana. Non so come facesse poi a lavorare tutto il giorno. Dormiva pochissimo. Però stava bene, la mia bambina. Sempre bella."

La voce le si era spezzata. Lo sguardo era tornato all' album di fotografie. Le aveva mostrato una foto di Alida da bambina, poi con il vestito della Prima Comunione, e da ragazza con il costume da bagno. Poi le foto a diciotto anni: in due c'era Martina insieme a lei, poi tutta una serie, insieme a Marco, in varie località turistiche. Una occupava tutta la pagina e riportava una villa dall'aspetto antico circondata da un giardino lussureggiante, il mare che s'intravedeva oltre il tetto di mattoni rossi.

"Bella, vera?" disse la signora Colombi. "E' una delle ville della famiglia di Marco. A Lerici, se non sbaglio..."

Martina assentì, poi chiese se poteva avere qualcuna delle foto più recenti.

"Oh sì, certamente. Io ne ho tantissime. Quando Alida è scomparsa ho cercato nella sua camera e ho trovato centinaia di foto. Ad Alida piaceva farsi fotografare, come a tutta la gente bella del resto."

Quando vide che Martina stava per staccare delle foto dall'album, aggiunse:

"No, anzi... Prendi pure l'album, io ne ho due, uguali. Uno per me e uno per Alida."

Capitolo 5

Il primo passo era iscriversi nella palestra in cui aveva lavorato Alida. "Niente di più facile" si era detta, ma non aveva immaginato che il "Wageclub" non fosse una semplice palestra, bensì un club esclusivo con tanto di piscina olimpionica, sale da aerobica, campi da tennis e da golf... Quando lo vide trattenne a stento un fumettistico *gulp*. Dopo qualche esitazione chiese a quanto ammontava la tassa di iscrizione. La risposta, da parte di una gelida "signorina" abbigliata con un completino da barbie sportiva, fu una doccia gelata: la quota da versare per tre mesi di frequenza, era pari a un mese netto netto del suo stipendio.

Dopo tutto spendo così poco ... metto via i soldi e non so cosa farmene. Per il cibo spendo quel che spendo, di ristoranti non se ne parla proprio, l'abbonamento a teatro con lo sconto insegnanti costa quanto andare al cinema, di vestiti compro l'indispensabile più che per mancanza di vanità per il rifiuto di girare per negozi - il non shopping come lo chiama Francesco - e poi? Nient'altro o quasi. Insomma, pur non avendo l'intenzione di esserlo, sono un grande risparmiatrice.

Non era sempre stata così. O forse era sempre stata così e non lo aveva capito. Perché si era sempre fatta trascinare da Alida che era un'entusiasta delle spese. L'amica adorava i negozi e quando aveva un po' di soldi racimolati dai suoi lavoretti in fiera, ci spendeva tutto. Le piacevano anche bar, pub, pizzerie, ristoranti, discoteche, locali notturni, quasi indistintamente tutti i posti pubblici dove c'era tanta gente e soprattutto "bella" gente. Forse perché soffriva e aveva sempre sofferto il complesso della povera; cresciuta sola con una madre, che aveva come sola fonte di reddito il suo lavoro di impiegata presso un'aziendina dell'hinterland milanese, tra i palazzoni del quartiere gallaratese in cortili di cemento e ragazzacci maleducati, Alida era innamorata del lusso.

Quando la sua relazione con Alida era finita, Martina non aveva più voluto saperne di begli abiti, bei posti e bella gente. Era tornata alla sua vocazione da intellettuale. Cominciò da subito a frequentare il club cercando di moderarsi con lo sport.

Devi evitare di strafare, le aveva detto la sua psicologa, *ricorda che tutta quella ginnastica fa parte della tua "sindrome".*

Martina non ne era per niente convinta, ma non aveva espresso la sua opinione a riguardo. Qualsiasi cosa dicesse, facesse o pensasse veniva comunque riportato alla sua "sindrome"...

Si spogliò nel lussuoso spogliatoio ad armadietti di legno con lucchetto a combinazione. Poi andò in palestra.

Non è davvero niente di speciale. Ne ho viste di più grandi e meglio attrezzate. Però è alquanto tranquilla.

C'erano, infatti, pochi soci impegnati in esercizi: tre o quattro persone anziane, un giovane che correva sul tapis con grande energia, e due donne.

Si sedette sulla cyclette guardandosi intorno. La madre di Alida le aveva scritto una lista di persone che aveva sentito nominare dalla figlia, per l'esattezza cinque: tre uomini e due donne. Il Sermani, la Di Frate, il Forti, il Tristo (ma se fosse un soprannome o un vero cognome, questo la madre non lo sapeva) e la Brunetti.

Dopo quindici minuti di cyclette passò sul tapis roulant. Ne scelse uno accanto a quello su cui camminava una delle due donne, una signora sui cinquant'anni che subito si girò verso di lei salutandola con slancio. Martina rispose con un sorriso. La donna scese dopo venti minuti per andare in una zona della palestra dotata di tappetini, destinata a esercizi a terra e allo stretching.

Bene, adesso arrivo, mia cara signora. E scambiamo quattro chiacchiere.

Disinvolta, Martina si sedette vicino a lei su un tappetino. Nel giro di cinque minuti sapeva che la donna si chiamava Emma e che era un'assidua frequentatrice del club. "A casa non ho niente da fare, qui invece mi piace: conosco tutti, chiacchiero e nello stesso tempo mi tengo in forma" aveva detto.

Emma, di cognome Di Frate, una delle persone che Alida citava, era una donna annoiata; ricca di famiglia, si era sposata giovane con un uomo ancora più ricco di lei (ex calciatore o qualcosa del genere), da cui aveva divorziato recentemente dopo quindici anni di un matrimonio noioso e annoiato. Adesso trascorreva le sue giornate tra centri estetici, parrucchieri, palestre e uscite con uomini che variavano da coetanei a giovanotti aitanti a cui pagava cene in ristoranti lussuosi e alla moda.

"So che non sono più bella come un tempo" era la sua frase preferita. Detta con tono sofferto con l'implicita richiesta di una smentita da parte altrui che Martina faceva puntualmente:

"Non dire sciocchezze, sei bellissima!"

Un sorriso imbarazzato, una leggera scossa di capo, ma bastava a rallegrarla. Per Emma l'aspetto era sempre stato importante, nel mazzo di carte che il destino le aveva messo in mano, aveva pescato solo quella. Però Martina pensava che in fondo non si sbagliava. Anche lei la prima volta che l'aveva vista - i capelli chiari in piega perfetta, un viso reso statico, quasi cereo da molteplici riempimenti di botulino, gli occhi, poco vivi, anche se di un bel colore verde acqua - aveva pensato proprio ciò che davanti a lei negava tutto il tempo. *Quando era giovane, deve essere stata una bella donna.*

Emma era una pettegola, una che parlava tanto di tutto e di tutti, in modo maligno a volte, in modo bonario altre volte, mostrando una conoscenza o una supposta conoscenza dei fatti altrui che sorprendeva Martina. Non aveva mai conosciuto pettegole vere forse perché se ne era sempre tenuta alla larga. Però adesso Emma poteva rivelarsi utile.

Per questo le diede corda fin dall'inizio, con grande soddisfazione della donna che pareva trovare Martina molto interessante.

So che di me ti interessa una cosa sopra ogni altra, cara Emma: il mio corpo. So anche cosa continui a chiederti: come mai è così magra? Sarà così di natura oppure perché ama veramente lo sport o sarà... anoressica? E quando pronunci quella parola, anoressica, ti nasce dentro una bella sensazione che tu pensi sia di comprensione o di compassione, ma che in realtà è disprezzo. Credo che in fondo in fondo tutti disprezzino le anoressiche. Perché sono malate. Perché non amano se stesse e odorano di morte. Io sono stata anoressica e posso dirlo.

Capitolo 6

Era passata quasi una settimana. Di nuovo venerdì.
Martina aveva fatto pochi passi avanti nel club in cui non
conosceva quasi nessuno.

Eppure mi guardano. Con stupore alcuni, ma perlopiù con
ammirazione. Non sono una di quelle anoressiche ridotte a
scheletro. Quella fase è ormai alle spalle. Adesso vivo sul
filo della normalità. Insieme al mio corpo. Quante volte
guardo e ho guardato il mio corpo, lo conosco centimetro
per centimetro. Lo amo e lo detesto. Lo trovo adorabile e
orribile. Riesco anche a considerarlo come se non
appartenesse a me. E' una brutta sensazione, ma credo
che mi aiuti a essere obiettiva. Ho i seni minuscoli, ma
sodi e tondi come quelli di una ragazzina, il sedere piccolo
e sporgente, le gambe sottili ed atletiche. No, non passo
inosservata, nonostante la concorrenza di slanciate
signore della Milano bene con i loro grossi seni di gomma e
i glutei rifatti.
Oltre ad Emma parlava soltanto con l'istruttore che
aveva conosciuto il primo giorno, Enrico. Un ragazzo
simpatico e loquace che però si dileguava quando
arrivava la signora Di Frate.
Con lei Martina s'intratteneva parlava a lungo: la trovava
alquanto noiosa con tutte le sue chiacchiere su questo e
quello, ma era lo scotto che doveva pagare per arrivare a
sapere qualcosa di Alida.

Quel venerdì, Emma la invitò, dopo la seduta pomeridiana in palestra, a prendere un caffè al bar del club. E qui avvenne il primo vero scambio di "informazioni" tra le due donne.

Emma voleva carpire a Martina il suo segreto; Martina voleva avere da Emma informazioni riguardo ad Alida. Aveva già citato l'amica facendo cadere il nome per caso in un discorso e Emma, en passant, aveva detto che la conosceva bene.

Appena al bar Emma era passata all'attacco, Martina, da parte sua, aspettava. Contando su un grosso vantaggio: sapeva ciò che la donna voleva, mentre Martina non immaginava che cosa cercasse lei.

"Io con il caffè prendo anche una brioche" aveva detto Emma. "Vuoi anche tu?"

"No, grazie."

"Mangi poco, vero?"

"Piuttosto."

"Sei molto magra."

"Trovi?"

"Sì. Troppo magra."

Emma bevve il suo caffè in un unico vorace sorso.

"Da quando sei così?"

"Magra? Da qualche anno."

"Segui una dieta?"

"Una specie."

"Ho visto che fai tanto sport."

"Sì, prima ne facevo di più, però poi..."

Il viso di Emma si fece più rotondo e luminoso.

Sembra una pianta carnivora che si rinvigorisce quando inghiotte qualche insetto. Ma gli insetti per lei sono i fatti degli altri.

Martina continuò:

"Poi mi sono ammalata. Sono diventata troppo magra. Sono stata anche in clinica. Ti ricordi quella ragazza di cui abbiamo parlato, Alida?"

"Anche lei era anoress... cioé mangiava poco? Non mi pareva."

"No, lei era bulimica, l'ho incontrata in clinica."

La bugia le era venuta spontanea e la spiattellò con un'indifferenza di cui lei stessa si stupì.

"Bulimia? Non lo avrei detto" fece quella dubbiosa.

"Sembrava così ..."

Non completò la frase.

Cosa stava per dire: sana? normale?

"So che è scomparsa."

"Già. Che storia incredibile, vero? Da un giorno all'altro, svanita nell'aria."

"Secondo te che cosa può esserle accaduto?"

"Ma... io ho tutta una mia teoria a proposito."

"Cioè? Racconta!"

Questa volta era Martina a essere eccitata.

"No, non posso."

"E dai, cosa sono questi misteri? Io, dopo tutto, mi sono fidata di te, ti ho raccontato una cosa che non racconto mai a nessuno. Non è facile ammettere di aver avuto una malattia come la mia."

"Perché? Adesso sei guarita?"

Di nuovo gli occhi verdi, altrimenti vacui, di Emma si erano riempiti di luce.

"Guarita è una parola grossa. Guarita non del tutto. Ancora sto attenta a ogni caloria, seguo una dieta molto rigida, niente pasta, pane, riso."

"E i carboidrati?"

Martina dovette fare forza su se stessa per continuare: detestava parlare della sua ex- malattia.

Alida, questo è un sacrificio per te.

"Cracker, gallette, anche biscotti, ma tutto leggero, cioè di scarso peso e di conseguenza con poche calorie. Comunque mangio abbastanza, perché mi tengo sempre sullo stesso peso e non sono più pelle e ossa."

Ma Emma era incontentabile.

"Beh, sei sempre molto magra. Ma... com'è cominciato tutto?"

"E no, Emma, non è giusto, io con te mi sto confidando e tu non mi racconti della tua teoria su Alida."

"Ti interessa così tanto?"

"No, cioè voglio dire... non tanto. Il fatto è che in ospedale eravamo diventate amiche."

"Ah ah."

Emma si alzò. Il bar era praticamente vuoto, eppure diede una lunga occhiata sospettosa.

"D'accordo, ti racconterò. Però facciamo quattro passi in giardino."

Mentre camminavano, Emma cominciò a parlare:

"Alida era una ragazza molto inquieta. Bella veramente, anche sexy, intrigante. Gli uomini andavano matti. E' proprio questo che ha pagato, secondo me."

Martina era in allarme.

"In che senso?"

"Nel senso che usciva con tanti. L'importante è che fossero pieni di soldi. E tra questi c'è stato qualcuno che l'ha trascinata in qualche brutta storia."

"Che genere di brutta storia?"

Emma esitava.

Non è da lei. In genere è un fiume di parole, adesso invece le escono queste frasi smozzicate...

"Il fatto è che usciva con un paio di uomini di cui si dice peste e corna."

"Cioè?"

"Puttanieri. Gente che per divertirsi fa i festini... di sesso, alcol e altro. Io non ci sono mai stata naturalmente..." (Quel "naturalmente" si riferiva al fatto che non era mai stata invitata o che era stata invitata e aveva rifiutato? Martina optò malignamente per la seconda soluzione). "Mi hanno detto però che ogni tanto si creavano situazioni pericolose; qualcuno perdeva la testa, qualcuno stava male, anche molto male, e forse Alida..."

Lasciò la frase in sospeso.

"Hai detto queste cose alla polizia?"

"No, non ne ho avuto il coraggio e comunque non sarebbe servito a niente. Anche se avessero indagato, quelle sono persone potenti, la polizia se la rigirano come vogliono."

"Tu pensi?"

"Sei una di quelle ingenue che crede ancora alla giustizia? In Italia?"

"Forse sì. Ma quella sera? Sai dove è andata Alida quella sera?"

"E' uscita con uno di loro."

"Te lo aveva detto lei?"

"Sì, ha detto che si sarebbe incontrata con ..."

"Con?"

"Non chiedermelo" rispose Emma seria.

"Emma, non penserai che vada a dirlo alla polizia! Te lo chiedo soltanto perché non vorrei... sì, insomma, se sapessi chi sono, credo che... beh ci starei alla larga."

"Ah ah"

Non l'ho convinta.

"Ti assicuro" si sforzò Martina.

"Bene, mi fido. Si chiama Fabrizio Sermani, sui trenta cinque, bell'uomo, capelli scuri, media statura, atletico."

"Solo lui?"

"Fabrizio è spesso insieme a un altro, di qualche anno più vecchio, anche lui un bell'uomo, porta gli occhiali. Riccardo Forti."

Due dei cinque nomi che le aveva fatto la madre di Alida.

"Ma adesso rientriamo" concluse Emma. "E mi raccomando, non..."

Non la lasciò finire:

"Non ti preoccupare. Non dirò una parola."

Quando fu a casa erano già le sette. Francesco aveva chiamato due volte mentre era con Emma. Avrebbe dovuto richiamarlo, ma non aveva voglia. Non aveva voglia di sentirlo né di vederlo.

Perché continuo a frequentarlo se non ho mai alcun desiderio di vederlo? In realtà non ho mai voglia di vedere nessuno. E allora potrei non vedere nessuno e amen. La psicologa ha detto che è meglio che qualcuno mi stia accanto. Ma che m'importa della psicologa? Ormai sto bene.

Il suo monologo fu interrotto dal suono del cellulare. Guardò il numero: ancora Francesco. Fu tentata di non rispondere.

Ma no, altrimenti, poveretto, si preoccupa!

"Ciao, tesoro, dov'eri?"

"In sauna."

"Per tutto il pomeriggio?"

"Beh, no. Prima ho fatto sport."

"Sai che non dovresti esagerare."

"Lo so".

Che barba! Ecco perché non sopporto più Francesco: è palloso, no pallosissimo!

"Passo da te."

"No, devo ancora mangiare."

"Mangiamo insieme."

"Sai bene che io odio mangiare con altre persone."

"Cucino io."

Ci mancherebbe altro: magari qualcuna di quelle che chiama le sue succulente bistecche. Che schifo!

"Senti, sono stanchissima, mangio e vado a letto."

"C'è qualcosa che non va?"

"No, niente."

"Mi stai nascondendo qualcosa."

"No, ti assicuro."

"Martina, hai un altro uomo?"

"Possibile che non pensiate che a questo?" esplose lei.

"Pensiate chi? Cosa stai dicendo, Martina?"

Perché continua a ripetere il mio nome? Meglio troncare la conversazione, altrimenti finisce veramente che lo mando affanculo.

"Niente, scusa. Sono veramente esausta. Straparlo."

"Sicura che non vuoi che passo almeno dieci minuti?"

"Sicura, davvero. Voglio restare un po' sola."

"D'accordo" si rassegnò lui. "Posso chiamarti per il bacio della notte?"

"Certo. Anzi, ti chiamo io."

Il bacio della notte poteva anche concederglielo.

Povero Francesco. Devo lasciarlo e non so come fare.

Quando era cominciata la sua relazione con Alida aveva diciotto anni e frequentava l'ultima classe del liceo. Entrambe avevano un ragazzo; entrambe non erano innamorate. Ciò che le accomunava era che non erano mai state veramente innamorate. Il loro primo grande amore fu quello che nacque tra di loro.

Era un amore di passione come Martina non aveva mai provato prima e non provò mai dopo. Un amore che la riempiva di morbida emozione quando Alida era lontana e di esaltata euforia quando erano insieme. Lei, che era sempre stata tiepida in tutte le sue manifestazioni, era cambiata, anche se nessuno aveva intuito i suoi mutamenti. Non i suoi genitori, che di lei avevano sempre la stessa immagine di ragazza posata e poco sentimentale e a essa si erano tenuti attaccati per anni, non i suoi compagni di classe, che continuavano a vederla come la bella Audry, brava a scuola, composta fuori e scialbina dentro, non i suoi professori con cui manteneva un rapporto cortese e distante. Non lo aveva capito neppure Marco, con cui usciva in quel periodo, proprio quel Marco che sarebbe poi diventato il fidanzato di Alida. Marco le somigliava così tanto, almeno visto dall'esterno, che avrebbe potuto essere il suo clone. Educato e carino, primo della classe e interessato alle cose culturali, un modello di equilibrio e di ragazzo perbene.

Da bambino aveva vissuto in un collegio in Svizzera e gli era rimasta l'impronta di rigida educazione e grande controllo, almeno apparente. Era in Italia da quando aveva cominciato il ginnasio e viveva con la madre e il padre. Lei era una signora bella, molto magra e molto alta. Marco le aveva detto che aveva fatto la modella da giovane, poi si era sposata con un uomo ricchissimo, da cui si era divisa quasi subito. Alfredo, il suo secondo marito, era un industrialotto della provincia dai modi gentili forse un po' troppo premurosi.

Marco aveva tre anni più di Martina e già frequentava l'università. Bello, maturo, ricco era adorato dai suoi genitori.

Innamorato di lei? No, probabilmente non lo era mai stato. C'era intesa - entrambi grandi lettori e pseudo intellettuali, sapevano sempre di cosa parlare e cosa dire - una specie di tiepido affetto, il calore e la compagnia costante e sicura, il compiacimento di mostrarsi insieme, belli e sani, ammirati e stimati da tutti. Se fossero stati famosi, sarebbero stati una coppia da rotocalco.

Quando Martina si era accorta di essere innamorata di Alida e di non provare nulla per Marco, gli aveva detto, cautamente, cercando di attingere alla sua più nascosta sensibilità, che era finita. Si aspettava un "mi dispiace", "possiamo rimanere amici", qualcosa di tiepido insomma, come tiepida era stata la loro relazione.

La reazione di Marco l'aveva lasciata allibita. Preso da una rabbia cieca, aveva fatto una scenata inaspettata. Sola, in casa di lui, Martina aveva avuto paura. Si era messo a gridare, l'aveva insultata come mai nessuno aveva fatto prima, *sei una stronza, una puttana, una schifosa*, l'aveva presa per le spalle scuotendola con violenza.

Lei, sconvolta, aveva infilato il corridoio aspettandosi che da un momento all'altro le saltasse addosso. Era sicura che sarebbe stato capace di farlo. Invece era uscita indisturbata, aveva preso un taxi ed era arrivata a casa di Alida. Felice di vederla, di farsi stringere nelle sue braccia, di sentire la sua pelle profumata contro la propria.

Avevano passato la sera e una parte della notte a parlare di Marco e degli uomini.

"Il fatto è, vedi, che quando si sceglie un fidanzato, anche quando se ne parla, non si cita mai la 'bontà'" aveva sentenziato Martina. "Nessuno dice «vorrei un uomo buono», sembra persino una parola d'altri tempi. Invece sai cosa dicono tutte? «Lo desidero bello, ricco, intelligente, sexy, ambizioso.» Mai buono. E sai cosa ti dico? E' una sciocchezza. Se ancora vorrò stare insieme a un uomo, deve essere buono."

E così era Francesco: buono, buono come il pane, buono come non era mai stato nessuno con lei.

Ma la bontà non era sufficiente per amarlo.

"Gli scriverò una mail" pensò mentre davanti al televisore mangiava un piatto di minestrone. Ma quando si sedette al computer, lo aveva già dimenticato. Digitò invece su Google i due nomi maschili citati da Emma.

Capitolo 7

Martina trascorse il fine settimana quasi interamente nel club. Adesso sapeva che aspetto avevano i due uomini, abbastanza famosi da seminare fotografie in Internet.

Uno di loro lo aveva già visto: usciva a correre nel parco vicino al club verso l'ora di pranzo, quando lei arrivava da scuola, con altri soci. Martina, sfoderando tutta la sua faccia tosta, chiese a Enrico, l'unico istruttore che conosceva, se "quel tipo usciva sempre a correre con loro".

Doveva essere abituato a dare informazioni di quel genere, perché non si stupì per niente.

"Quel tipo si chiama Fabrizio e, sì, esce sempre a correre. Anche oggi."

"A mezzogiorno?"

"Sì, forse un po' prima, cioè adesso. Guarda..."disse indicando due giovani in calzoncini che stavano facendo stretching sul fondo della palestra "loro fanno parte del gruppo. Se vuoi, puoi aggregarti."

"Ma... veramente..."

"Sono sicuro che gli fa piacere se corri con loro."

Martina fingeva di recalcitrare.

"Non ti preoccupare, ti presento io. Però" aggiunse "ti avverto che vanno forte."

"Forte quanto?"

"Mah, dodici, tredici all'ora."

Martina annuì. Nessun problema. Per anni aveva corso e sapeva tenere ritmi ben superiori.

Almeno tutto quel correre torna utile per qualche scopo.

"Allora, vieni che ti presento?"

Era simpatico quell'istruttore. Doveva avere qualche anno più di lei, sempre gentile, sempre sorridente.

Sembra uno solare. Non ce ne sono molti in giro.

Anche a lui aveva chiesto di Alida, ma era stato molto vago nelle risposte: "avevamo turni diversi, non la conoscevo bene, so che è scomparsa, poveretta, era una bella ragazza, veramente bella" era tutto ciò che Martina era riuscita a cavargli. La corsa fu breve, ma soddisfacente; quaranta minuti a buon ritmo nel parco vicino al club. I membri del gruppo si conoscevano bene, parlavano e scherzavano. Fabrizio le rivolse la parola un paio di volte. Un bel sorriso di denti bianchi e sani, abbronzatura da lampada, occhi scuri intriganti. Tipo uomo maturo che a Martina faceva orrore.

Chissà se è piaciuto ad Alida? Non era neanche il suo tipo. A lei piacevano le facce da bambolotto, occhi azzurri, carnagioni chiare e lentigginose, sguardi ingenui. Ma forse non è uscita con lui perché le piaceva.

Alida era un'opportunista. Pur innamorata, Martina lo aveva capito abbastanza presto. Non lo era di proposito e forse neppure di natura. Sembrava piuttosto una specie di finta natura, un imprinting datole dall'ambiente in cui aveva passato la sua infanzia e una parte della sua adolescenza. Sopravvivere, approfittare di tutto e di tutti pur di sopravvivere. Col passare del tempo, il sopravvivere si era tramutato in vivere al meglio, ma la logica era rimasta quella. E anche con Martina, non aveva esitato a passare sopra al suo amore come un panzer, nel momento in cui lo aveva deciso.

Gli eventi si disponevano in un modo che Martina non aveva sperato. Fermatasi a fare stretching in palestra, Fabrizio si unì a lei. Martina non risparmiava sorrisi. A cui lui rispondeva.

Da vicino ha una faccia che mi ricordava un animale, ma non riesco a identificare quale. Decisamente non può essere piaciuto ad Alida. Se ci è andata a letto, è stato per altre ragioni.

"Ci sei domani?"

"Domani è sabato, sì. A che ora?"

"Sempre alla stessa, andiamo a correre."

"Bene."

"E se hai voglia, possiamo prendere un aperitivo insieme. Prima di pranzo, intendo."

Un aperitivo? Che perversità. Ho mai preso un aperitivo io?

"Volentieri."

Lui sorrise. E allora le venne in mente a chi assomigliava: a una faina. Una faina così come se la immaginava lei perché non ne aveva mai vista una dal vero.

Saprò ancora sedurre un uomo? Forse sono troppo sfacciata? O troppo timida?

Mentre lui le parlava, lei stese le lunghe gambe sottili in una posizione di stretching che le riusciva particolarmente bene.

"Simpatico vero?" era la voce di Enrico che si era avvicinato appena Fabrizio se n'era andato.

Ma Martina non lo vedeva perché si era appesa al quadro svedese e stava lì, spenzolante, dandogli le spalle.

"Sì" rispose saltando elasticamente a terra.

"Ha molte amiche."

"Immagino."

"Era amico anche di quella tua amica, Alida. Ricordo che erano spesso insieme."

Martina era stupita. Qualche giorno prima gli aveva parlato di Alida, ma non pensava che se ne ricordasse. Dopo tutto aveva risposto alle sue domande in modo così vago...

"Era tua amica, vero?" insistette lui.

"Sì."

"Hai idea di che cosa le sia accaduto?"

Sono qui per scoprirlo....

"No, nessuna. Anzi, l'ho saputo da poco, perché da tempo avevamo smesso di frequentarci."

"Io la conoscevo molto poco, ma mi sembrava una in gamba. Lavoravo in questo club da tre mesi quando è scomparsa."

"Immagino che ci saranno state tante chiacchiere qui al club."

"Sì, certo. Anche se, naturalmente, non tutti lo sapevano. Sai com'è... qui la gente va e viene e una gran parte, giustamente, si fa i fatti suoi. Molti però dicevano che era finita in qualche brutto giro e che l'avevano... cioè che le era successo qualcosa di brutto."

"E tu? Lo pensi anche tu? O pensi che se ne sia andata?"

"Ma... è possibile anche quello. Forse voleva o doveva sparire, anche se non riesco a immaginare perché. Ma, ripeto, io la conoscevo veramente poco. Fuori di qui ci siamo visti soltanto un paio di volte, una volta a una festa organizzata da una nostra collega a casa sua, un'altra volta per caso in un ristorante."

"Una cena del club?"

"No. Un ristorante di quelli astrogalattici da cento cinquanta carte a testa. Io stavo con mio padre, lei con Fabrizio e altra gente. Credo che fossimo i più giovani di tutto il ristorante."

"Che ristorante era?"

"Sei curiosa, eh?"

"No, è che mi piacciono i locali dei vecchi."

Lui scoppiò a ridere.

"Il ristorante si chiama Traliccio e si trova in centro, vicino a Via Madonnina."

Ride spesso questo ragazzo, ma non da stupidotto e neppure in modo finto. Mi piace e non solo per questo.

Martina rimase a osservarlo, con discrezione mentre si allontanava.

Un bel sedere e belle gambe muscolose come piacciono a me. In spogliatoio c'era Emma che la invitò a prendere un caffè.

"Emma, sto scappando."

"Eh, via, non lasciarmi tutta sola!"

Lo aveva detto con un tono scherzoso, ma Martina aveva colto (o forse se lo era soltanto immaginato) una nota di tristezza.

"Va bene, ma soltanto cinque minuti, poi devo veramente scappare."

Si sedettero a uno dei tavolini. Emma le sorrise.

"Se avessi soltanto qualche chilo in più, saresti bellissima."

Prima ancora che Martina dicesse qualcosa, aggiunse:

"Cioè, anche così sei carinissima, ma veramente troppo magra."

"Non sai quante persone mi dicono la stessa cosa" replicò Martina un po' stizzita.

"Non ti piace parlarne."

"Mi sembra poco interessante."

"Io non sono una che insiste, anzi... però quando vuoi parlarne, io sono qui."

Martina abbozzò un sorriso.

"Sai, quando mi affeziono a qualcuno, io cerco di dare tutto. Ci sono sempre, non mi sottraggo mai. A qualsiasi ora del giorno e delle notte. Sono una di quelle che dà l'anima, purtroppo."

La sua frase preferita: "Io sono una di quelle che…" Come se ci fosse una stirpe "di quelle che" e lei vi appartenesse.

Martina stava per dire:

"Io non mi affeziono mai a nessuno" ma poi tacque.

Ci rimarrebbe male, poveretta. Pensa di avere di fronte una fragile ex anoressica. Almeno così le piace credere.

"Non dico mai di no, e poi sai cosa succede? Che me la prendo in quel posto."

Martina annuì di nuovo.

"Succede a tanti" disse.

"Forse, ma a me un po' troppo spesso. Il fatto, vedi, è che non ho imparato a vivere."

"Neppure io" rispose Martina sincera.

Si alzò di scatto.

"Adesso però devo veramente andare" disse Martina.

"Mi chiami?"

"Io non chiamo mai nessuno, Emma."

Lo sguardo stupito e deluso della donna la spinse ad aggiungere:

"Però, se vuoi, telefonami tu. Mi fa piacere."

Stava mentendo, naturalmente.

Capitolo 8

Appena uscita dalla palestra Martina andò di filato al ristorante. Erano le tre di pomeriggio e le serrande erano abbassate. Osservò l'insegna finto antica, la stradina di pietre che si dipartiva dalla porta, il bar alla moda di fianco con i tavoli sotto un pergolato intessuto di edera e decise che quel posto non le piaceva. *La solita vecchia Milano finta, quella dei turisti che dicono "che pittoresco!" e dei tipi come Fabrizio che possono spendere un centone per una mezza cena... Ad Alida però sicuramente era piaciuta, odora di lusso, non poteva non piacerle.*

Al bar Martina prese una bottiglietta d'acqua, poi si fermò a rimirare i grossi panini ripieni di prosciutto in bella mostra sulla teca, che non avrebbe mai potuto mangiare, infine uscì sotto il pergolato. Bevve con voluttà l'acqua; aveva ancora sete dalla corsa della mattina.

"Voleva prenotare, signorina?"

La voce che veniva da uno dei tavolini apparteneva a un uomo di età indefinibile con una faccia dalle guance cascanti e una pappagorgia che gli strabordava sulla camicia.

"Si dà il caso che io lavori lì" aggiunse l'uomo.

"Ah, bene" disse lei che, presa alla sprovvista, si preparò a spiattellare la sua storia.

"Io... veramente non volevo prenotare..."

L'uomo indicò la sedia libera al suo tavolino.

"Prego, si accomodi."

Lei rimase in piedi.

"Io... lavoro per un giornale..."

"Di Milano?"

"No, sì, cioè della provincia. Bollate. E sto scrivendo una serie di articoli sulle persone scomparse."

"Nel mio ristorante?" cercò di spiritosare lui.

"Sì, cioè no. Il fatto è che ho saputo che una ragazza, di nome Alida, è scomparsa nel maggio dell'anno scorso. La sera stessa era venuta nel suo ristorante."

"Ah ah..."

Lui la osservava con gli occhiettini porcini con una certa diffidenza.

Avanti Martina, questo è un maiale, non fare la rigida!

Sorridendo, Martina si protese leggermente verso di lui.

"Era venuta qui con un gruppo di amici, tra cui un certo Fabrizio Sermani."

"Io conosco il signor Sermani. Adesso è un po' che non lo vedo, ma è stato per anni nostro cliente abituale, veniva in compagnia di amici e di amiche, forse una di loro era questa Alida. "

Intanto l'uomo dalla pappagorgia si era alzato, seguito da Martina che non aveva intenzione di mollare. Si avviò verso una porta a lato del ristorante.

"Alida era una ragazza sui ventotto anni, capelli bruni neri lunghi, occhi castani, un seno pronunciato, belle gambe..." stava dicendo lei.

L'uomo entrò.

"Sì, credo di averla vista, ma non le so dire se fosse proprio quella sera, dopotutto è passato quasi un anno."
L'uomo chiuse la porta e Martina si ritrovò sola con lui in una grande sala nella semioscurità. "Questo è il mio ristorante" disse lui con indifferenza muovendosi verso il bancone.

Un odore pregnante di spezie colpì le narici di Martina che era abituata soltanto a cibi bolliti e insipidi. Sentì una specie di nausea che cercò di dominare.

"Da quando il signor Sermani non viene nel suo ristorante?"

"Da parecchi mesi. Credo che l'ultima volta fosse in estate, o in settembre.... Era insieme a un amico e a due amiche, due gran pezzi di ... Forse una di loro era la sua amica. L'altra sembrava la copia, ma tutta in più."

"Cioè?"

"Più alta, più formosa, più truccata, più volgare, un tipo molto appariscente. Con un nome da troia tipo Luana, Deborah, qualcosa del genere... "

"Lei crede che potrebbe essere il 12 settembre, il giorno in cui Alida è scomparsa?"

"Potrebbe."

"Quindi sarebbe..." Martina non ebbe il tempo di finire la frase. Sentì la mano dell'uomo che le toccava il braccio.

"Bene, io ti ho detto quello che volevi sapere, adesso tu mi dai quello che voglio io. Lo sai che sei veramente figa, proprio un bel bocconcino ..."

Martina fece un salto indietro come se l'avesse toccata la pelle viscida di un serpente, ma forse, se fosse stato un serpente, avrebbe provato minore repulsione.

Stammi lontano! Io odio gli uomini grassi.

Tentò di prendere tempo. La borsetta in mano, disse: "Posso darle dei soldi per le sue informazioni."

"Non mi far ridere, sai quanto mi rende questo posticino?"

Martina aveva girato intorno a un tavolino seguita da lui. All'improvviso scattò via di corsa tra i tavoli per la sala, arrivò alla porta, che, come ben ricordava, l'uomo non aveva chiuso, l'aprì e si ritrovò in strada.

Anche qui non si fermò, continuò a correre.

Ecco mi sta bene. Fare l'investigatrice comporta dei bei rischi! Qual è il colmo per un'anoressica? Violentata in un ristorante. Che bella battuta. Almeno riesco a farci dello spirito. Ma no... quello non mi avrebbe comunque fatto niente. Dopo tutto, uno ricco così, proprietario di ristorante, pappagorgia o no, può avere chi vuole. Ma se avesse voluto cavarsi uno sfizio?

L'importante era che aveva saputo qualcosa: probabilmente Alida era stata lì quella sera. Era insieme a Fabrizio e a un'altra ragazza. E anche se non fosse stata lì proprio quella sera, adesso sapeva per certo che in quel periodo usciva con la faina.

Martina, una volta a casa, si mise subito sotto la doccia, strofinandosi con il guanto di crine che in genere usava per rendere la pelle più liscia, adesso per levarsi di dosso quell'immaginario odore di ristorante e di uomo grasso.

Con Alida erano andate spesso a mangiare fuori. Mai in posti come Il traliccio, naturalmente. Erano due studentesse e, per quanto la famiglia di Martina non versasse in miseria, lei non avrebbe mai speso soldi per una cena in un posto di lusso. O meglio: soltanto se Alida glielo avesse chiesto e non lo aveva mai fatto. Andavano spesso in una pizzeria vicino alla scuola e in un minuscolo ristorante cinese che faceva involtini primavera squisiti. Proprio lì Alida aveva posto fine alla loro relazione.

Era il secondo anno di università: Alida aveva scelto l'Isef, lei lingue. Era novembre, un novembre insolitamente caldo a Milano. Il novembre di otto anni prima.

Martina era rimasta allibita. Non aveva sospettato niente. Non aveva avuto nessun segnale. Cinque giorni prima era state a casa sua e avevano fatto sesso con grande passione. Poi non si erano viste per impegni vari. E poi? Cosa era successo in quei cinque giorni?

"Non in questi cinque giorni, in questi mesi..." aveva detto Alida.

"Cosa?"

"Esco con un uomo."

"Lo conosco?"

"Certo, è Marco."

"Marco, il mio ex?"

"Sì, proprio lui."

"Lui sa di noi?"

"Certo che no. Sai com'è Marco... Ci sei uscita per anni. E' un perbenista di prima categoria."

"Un perbenista? Ne parli male e ci vai a letto?"

"Non ne parlo male. Semplicemente sono realista. E poi a me non dispiacciono i perbenisti. Non si può sempre andare contro tutti."

"Quando parli così, sembri una sempliciotta ignorante."

"Io *sono* una sempliciotta ignorante."

La voce di Alida era indifferente, troppo indifferente. Sapeva che qualunque cosa avesse detto non avrebbe potuto scalfire quell'indifferenza.

Martina aveva provato un'altra strada.

"Tu puoi continuare a frequentarlo e stare anche con me. Non erano questi i patti?"

"Quali patti?"

"Evvia, Alida ne abbiamo parlato decine di volte. Sapevamo che sarebbe potuto succedere."

"A me, non a te."

"Perché dici questo?

"Perché tu sei lesbica dentro, io no."

Perché stava dicendo cose così cattive? Martina non capiva. Glielo aveva chiesto.

"Perché è quello che penso."

"Significa che non mi ami più."

"Credo che sia proprio così."

"Perché?"

"Non c'è un perché. Visto che hai una buona memoria, dovresti ricordare che abbiamo detto anche questo decine di volta. L'amore finisce e comincia senza una ragione."

Alida la bocca tesa, gli occhi spenti, non sembrava lei.

Quando si erano separate, Martina era disperata. Aveva desiderato morire.

Per mesi aveva cercato di verificare se Alida avesse ragione. Era lesbica? Se provava più attrazione per le donne che per gli uomini voleva saperlo. Non sarebbe stato un sollievo, una consolazione e neppure un dispiacere, semplicemente voleva saperlo. Guardava le donne, negli spogliatoi della palestra che aveva cominciato a frequentare, ne osservava i corpi nudi, i grossi seni, i nidi coperti di peli, le schiene lisce, i ventri rotondi e si chiedeva se provasse desiderio, ma mai si era sentita eccitata, soltanto, a volte, vagamente attratta. Aveva capito che le piacevano di più gli uomini soltanto anni dopo con Francesco, quando lui le aveva preso la mano nella sua e lei aveva guardato il dorso coperto da peluzzi neri e lo aveva trovato sensuale. Soltanto una eterosessuale poteva provare eccitazione per una parte così poco erotica.

Francesco aveva cacciato definitivamente il sospetto, ma non aveva fatto nascere l'amore. Bensì una specie di affetto pallido e capriccioso alimentato dalla costante passione di lui.

Capitolo 9

Il giorno dopo prima dell'ora di pranzo, aveva detto
Fabrizio. Martina si presentò puntuale al bar del club
dove c'era più gente di quanto si aspettasse.
Non pensano a nient'altro che a mangiare e a bere
Il pensiero le attraversò la mente in un baleno per essere
subito echeggiato dalle parole della sua psicologa: *se vuoi
sconfiggere la tua malattia devi accettare il cibo come un
rito della nostra società.* In diverse cose la psicologa aveva
avuto ragione, ma non in quella: aveva superato la
malattia, senza accettare il maledetto rito!
Quando vide Fabrizio venirle incontro, pensò che non
sarebbe mai stata in grado di fronteggiare quel compito.
Passare anche qualche minuto con lui le pareva una cosa
superiore alle sue forze.
"Buon giorno, Martina." Le sfiorò la guancia con le
labbra.
"Buon giorno."
"Ci sediamo?"
"Volentieri."
"Cosa ti prendo da bere?"
Ci aveva già pensato: cosa prendere come *aperitivo* se
non la solita "acqua minerale frizzante"?
"Una coca light."
Le sembrava già di aver fatto un grande sforzo, ma lui si
mostrò deluso.
"Come aperitivo?"

Cosa doveva dire? Fece un sorrisetto come di scusa.

"Io prendo un campari" fece lui.

Il cameriere portò le ordinazioni, e allora Fabrizio cominciò a parlare.

Per fortuna parlava tanto lui, faceva battute brillanti o che, almeno, avevano l'intenzione di suonare brillanti, alle quali Martina rideva puntualmente. Era questo che si aspettava.

Sebbene non si attribuisse un'approfondita conoscenza della psiche maschile, Martina sapeva che per quel genere di uomini era sufficiente che le donne facessero da spettatrici e mai assurgessero al ruolo di protagoniste. Quel ruolo spettava a loro, ai maschi se non altro perché erano... maschi. Se qualcuna si metteva a far loro concorrenza, non la prendevano bene.

Aveva parlato delle sue vacanze, per far capire che andava in posti "veramente fighi", e del suo lavoro, per far capire che pur lavorando poco, guadagnava tanto.

Adesso, forse per cortesia, aveva cominciato a fare qualche domanda su di lei:

"Conosci poca gente qui al club, vero?"

"Praticamente soltanto te."

"Ti ho visto diverse volte parlare con Emma."

"Già, è vero. Emma. E' simpatica, però la conosco appena."

"Io ti avverto: quella è lesbica."

"Lesbica? Stai scherzando? Ma se è stata sposata..."

"Come sei ingenua, mi piaci proprio, Martina. Tu credi forse che gli omosessuali, donne o uomini, non si sposino?"

In effetti forse io non mi sposerei. Ma io non sono lesbica!

"Si sposano?" domandò lei spontaneamente.

"Sì, si sposano anche se il matrimonio per loro è una soltanto copertura."

"Tu come fai a sapere che Emma è lesbica?"

"Beh, lo dicono tutti e poi si vede da tante cose: da come guarda le donne, da come parla.... Tu pensa che era legatissima a un'istruttrice che lavorava qui e che è scomparsa."

"Un' istruttrice scomparsa? Come scomparsa?"

"Sparita, dissolta nel nulla..."

Pronunciava queste parole in tono distaccato e ironico.

Che voglia di mandarlo affanculo, 'sto tizio quanto è stronzo!

"Un giorno, anzi una sera, è uscita di qui e non l'hanno più trovata."

"Ed Emma era sua amica?"

"Non esattamente. Alida era la sua personal trainer, ma tutti dicevano che ne era innamorata persa."

Martina non sapeva che cosa dire e se ne uscì con un stupidissimo:

"Che storia..."

"Potrei raccontarti storie ancora più pazzesche che nascono e muoiono in questo posto, mia cara."

Lo diceva con aria orgogliosa.

Come se quelle storie le avesse inventate lui!

"E tu?"

"Io non sono lesbica" rispose lei.

Lui scoppiò a ridere mostrando i denti perfetti, così belli e bianchi che Martina si chiese se fossero i suoi. *Forse delle capsule?*

Fabrizio interpretò il suo sguardo intento per uno sguardo di ammirazione.

"Hai voglia di uscire una di queste sere?"

Lei annuì.

"Ti piace il pesce?"

"Sì, molto."

In realtà era un "sì abbastanza". Ma senz'altro meglio della carne che non mangiava proprio, della pastasciutta che la stomacava, dei dolci che non riusciva a toccare.

"Mangio cose solo alla griglia, però" aggiunse prudentemente.

"Dove ti porto io cucinano divinamente, non ti preoccupare."

E poi:

"Tu sei una che stai attenta alla linea, vero? Hai un corpo perfetto."

Martina sorrise. Un sorriso vero e spontaneo. *Accidenti! Mi piacciono i complimenti. Persino fatti da un idiota come questo. Forse a quelli di Francesco ho fatto l'abitudine. E del resto... chi me li può fare se non vedo nessuno?*

"Cosa ne dici di domani sera?"

"Sì, va bene."

"Ti vengo a prendere a casa?"

"No, vengo al club, ci possiamo vedere dopo l'allenamento."

"Scrupolosa eh? Mi piacciono le donne che si tengono in forma."

Sorrise e di nuovo apparvero i denti.

Martina ebbe un secondo di capogiro all'idea che forse le sarebbe toccato di baciare quella bocca con i denti da androide. Poi salutò allungando la mano che Fabrizio, in una mossa buffonesca, si inchinò a baciarle.

"Cretino" pensò lei abbozzando un sorriso.

Francesco era arrabbiato con lei, arrabbiato come non lo era mai stato. Se lo trovò sulla porta di casa che l'aspettava inquieto.

"Dove sei stata?"

"Al club."

"Quale club?"

"Il Wageclub."

"Il Wageclub? Ma costa un occhio!"

"Mi sono iscritta."

"E perché?"

"Perché mi andava."

"Si può sapere cosa ti sta succedendo?"

La conversazione stava proseguendo in casa.

"Martina, mi vuoi spiegare..."

"E' un momento particolare, Francesco."

"Per te tutti sono momenti particolari."

"Può essere."

Non provocarmi Francesco. Sto cercando di essere gentile. Se continui così, non lo sarò più.

"Senti, se vuoi ... vuoi stare da sola, non hai che dirmelo."

Lei tacque.

"Una parola e io sparisco."

No, non quella parola...

Fraintese lo sguardo spaventato di Martina perché rincarò la dose:

"Per sempre.

E adesso cosa gli dico: vai in pace oppure...?

Non seppe tirare fuori di meglio che un:

"Forse dovrei stare da sola per un po', ho bisogno di una pausa di riflessione."

"Oh, Martina... E' la frase standard per dire che è finita. Da te mi aspettavo qualcosa di più originale."

"Mi dispiace. Non sono originale, te l'ho sempre detto. Sono una comunissima ex anoressica. Non so che cosa vedi o hai visto in me, Francesco... "

"Che cosa stai dicendo? Queste sono le parole di quegli stupidi film americani, avanti parlami. Lo vedi? Sono io, Francesco, non sono un estraneo."

Anche tu stai parlando come uno di «quei stupidi film americani». Forse tanto stupidi non sono, se finiamo per parlare come loro. Nonostante tutti i tuoi Nietzsche e Heidegger e i miei Dostovjesky e Plath.

"Non è il momento. Veramente, Francesco. Non è il momento."

"Hai incontrato qualcuno?"

"Ancora questa storia? No, assolutamente no. Non c'entra nessun altro uomo."

Lui scosse la testa. Perplesso, confuso, avvilito. Adesso era sulla porta.

"Posso chiamarti?"

"Sì, va bene."

"Domani?"

"Dopo domani?"

"Dopo domani."

In cucina Martina si preparò una teglia di zucchine, uno dei suoi piatti con tante qualità: buoni, riempitivi, e soprattutto poco calorici. Zucchine, salsa di pomodoro, mozzarella light a pezzetti piccoli, *perché la mozzarella dicono che è leggera e dietetica, ma anche quella light contiene più di cento calorie all'etto!*, una spruzzata di sale e dentro al forno.

Mentre mangiava guardava il telegiornale, poi a letto con un romanzo che aveva letto cent'anni prima ai tempi del liceo: "Il ritratto di Dorian Gray."

Quando depose il libro sul comodino nella casa silenziosa, si addormentò subito.

Capitolo 10

Di pomeriggio, una volta tornata da scuola, le venne in
mente che quella sera doveva uscire con Fabrizio. Soltanto
al pensiero le veniva una stretta allo stomaco.

Sicuramente avrebbe tentato qualcosa. Sperava forse di
avere da lui informazioni prima che questo accadesse? Era
difficile, quasi impossibile.

*Posso sempre giocare la parte dell'innocentina. In passato
l'ho fatto. Sì, però avevo vent'anni, adesso ne ho nove in
più. Chi può credere che non abbia mai visto un coso? Beh,
se non dell'innocentina, almeno della virtuosa, quella che
non la dà via alla prima uscita. Virtuose si può essere
anche sulla soglia dei trenta, forse anche più in là?*
Riprese il quaderno su cui aveva scritto i primi appunti
sulla scomparsa di Alida e riportò le cose che Fabrizio le
aveva detto a proposito di Emma. Chissà se erano vere...
Emma, una lesbica innamorata di Alida. In questo caso
avrebbe potuto c'entrare anche lei.

*Che mi abbia detto quelle cose su Fabrizio per mettermi su
una pista falsa? O forse, al contrario, Fabrizio propaga
quelle voci perché si pensi che Emma sia in qualche modo
responsabile?* Scrisse le supposizioni con freccette e punti
esclamativi. Immersa nei suoi pensieri, sobbalzò al suono
del telefono.

Era sua madre.

"Ciao, Martina." Voce funerea. Era arrabbiata, no, di più
offesa.

"Sei scomparsa."

Ancora quella parola.

"No, sono qui. Sono sempre qui, sono sempre stata qui."

Sono aggressiva, forse. Tanto mammina prosegue per la sua strada.

"Perché non ti fai sentire?"

Non ho voglia.

"Ho avuto da fare."

"Stai bene?"

Ah, che idea, forse questo la convince!

"Ho un nuovo fidanzato" disse cercando di assumere un tono allegro.

"Ah... e Francesco?"

"Mmmmh..."

"Chi è questo nuovo?"

"Uno bello ricco simpatico..."

In effetti si potrebbe dire che corrisponde alla descrizione di Fabrizio, peccato che mi sia odioso.

Martina aveva ottenuto quello che voleva: la madre sembrava rassicurata. Un fidanzato era sintomo di normalità.

"Bene, sono contenta per te. Perché oggi non vieni a cena?"

"No, esco con lui" mentì lei prontamente.

"Bene, però mangia!"

"Sì, mamma."

Ma ancora non era contenta.

"Non mi chiedi come sta papà?"

"Come sta papà?"

"E' preoccupato per te."

Non è una novità. Non ha nient'altro di cui preoccuparsi del resto. Cosa farebbe se non ci fossi io?

Martina mugugnò qualcosa d'incomprensibile, poi salutò. Le venne voglia dopo tanto tempo di fumare una sigaretta. Era più di un anno che non fumava.

Chissà dove ho messo il pacchetto, non lo troverò mai.

Invece lo trovò subito: era in un cassetto della cucina. Fumò la sigaretta con gusto e nervosismo sul balcone, come aveva sempre fumato quando ancora abitava coi suoi. Loro non erano d'accordo che fumasse, ma non glielo avevano mai proibito. Forse perché la madre stessa era una fumatrice accanita e aveva pensato di averla "corrotta" con il suo esempio. La mamma... quante volte si era detta: cerca di guardare le cose dalla sua prospettiva... E' infelice almeno quanto lo sei tu. Aveva avuto una sola figlia, lei, ed era stata felice e soddisfatta fino a quando aveva fatto ciò che, più o meno, si aspettava da lei. Studiosa, a scuola prendeva sempre buoni voti, aveva come fidanzato Marco, un ragazzo gradevole, di bell'aspetto, anche lui studioso ed educato. Aveva persino invitato tutta la famiglia di Martina alla festa per i suoi vent' anni. Un vero e proprio ricevimento tale da suscitare l'entusiasmo della madre. "Ricchi sono così ricchi" aveva proclamato con grande soddisfazione, "possono permettersi questo e altro..."

Ma il seguito non era stato come se lo era immaginato. Martina si era lasciata con Marco, senza darle altra ragione se non un "non lo amo più", poi si era iscritta all'università e aveva cominciato a scalpitare perché voleva andarsene di casa, non per sposarsi come avrebbe desiderato la madre, magari con un uomo ricco, l'abito bianco, un bel matrimonio solenne in chiesa, ma per vivere da sola. E poi, quella malattia, l'anoressia...

"Povera mamma!" mormorò Martina spegnendo la sigaretta in un piattino.

Chissà che cosa avrebbe detto se avesse saputo che aveva avuto un rapporto con una donna? Forse sarebbe caduta lei in depressione. Forse non avrebbe potuto sopportarlo.

"Povera mamma!" ripeté ancora Martina, ma le venne da sorridere. Chissà se "ai suoi tempi" queste cose non succedevano, magari proprio in quei collegi femminili che mamma e zia avevano frequentato. Chissà se anche mamma e zia non avevano sperimentato l'imbarazzo di baci tra femmine, la morbida pelle intorno ai capezzoli, il sapore agro dolce del sesso.

Anche fosse, negherebbero tutto con convinzione, anzi sarebbero sicure che non è mai successo. E' una magia che riesce particolarmente bene alla loro generazione: mascherare la verità, mascherarla in modo tanto grottesco e pesante da non riconoscerla più.

Il ristorante era piccolo e buio. C'era un grande acquario su un lato costruito in pietra. Martina vi si fermò davanti a guardare i pesci colorati. Fabrizio, che era già quasi al tavolo, tornò verso di lei.

"Ti piacciono?" chiese

"No" rispose lei con tono troppo deciso.

Accidenti sono fuori parte! Quel no netto può essere interpretato come segno di un'indipendenza di carattere che Fabrizio non mi ha certo attribuito.

Infatti lui la stava guardando sorpreso. Cercò di tornare nel ruolo.

"Cioè, mi fanno impressione. Sembrano che abbiano delle facce."

"Facce? Oh, che espressione carina."

I denti (finti?) scintillarono in un sorriso da pescecane educato.

La cena fu un autentico tormento. Martina dovette fare violenza a se stessa per mangiare un antipasto dal carrello, si indirizzò sul prosciutto crudo (una fetta) e melone, nella classica equivalenza di frutta= poche calorie, poi però Fabrizio insistette strenuamente perché lei prendesse un primo. Infine Martina si arrese optando per un piatto di pasta con verdure. Quando però si trovò di fronte alla pietanza, fu presa dal panico.

Da anni non mangiava pasta, lei *non poteva* mangiare pasta, odiava la pasta e quella sensazione di riempimento, di gonfiore, di GRASSEZZA che dava. Prese la forchetta e infilò due maccheroni in bocca masticando con una lentezza esasperante.

Lui non le staccava gli occhi di dosso e intanto parlava e parlava. Martina aveva infilato altri tre maccheroni in bocca che le si impastarono subito sulla lingua.

Questi non riuscirò a mangiarli, mi rimarranno per sempre incollati al palato.

"Sono buoni?"

"Mmh, sì molto."

Ecco sono scesi, meno male.

"Guarda che se mangi così lentamente si fredda tutto!"

In quel momento suonò il cellulare di lui che borbottò un "scusami" cortese mentre si alzava.

Sì sì, allontanati, esci, vattene!

Appena vide Fabrizio sparire, guardandosi intorno circospetta - ma il locale era avvolto nella penombra e il loro tavolo di angolo schermato da una grossa pianta - veloce come un fulmine, riempì un fazzolettino di carta di pasta, poi un secondo e un terzo. Aveva appena riposto quest'ultimo nella borsa, fortunatamente capiente, che Fabrizio tornò.

"Ho finito tutto perché altrimenti si freddava" disse lei allegra "la pasta fredda è orribile."

Fabrizio fece un sorriso gentile e poi disse:

"Era Riccardo. Ci raggiungono tra una decina di minuti."

"Raggiungono?" chiese lei.

"Sì, lui e una sua amica."

Martina riuscì a saltare il secondo ("Sono piena, non ce la faccio, veramente..."), ma le toccò il dessert. Optò per un gelato alla fragola, il meno calorico che le venisse in mente, e gliene portarono uno sufficientemente piccolo da non metterla in ansia. Aveva appena finito di mangiarlo quando arrivarono.

Martina fu colpita dalla bellezza della ragazza. Capelli mossi lunghi quasi fino alle natiche, occhi scuri con folte ciglia da bambola, bocca carnosa, seno generoso che sporgeva dal vestito scollato fino quasi al capezzolo, il polpaccio lungo ben tornito slanciato dalla scarpa a tacco altissimo su cui si muoveva con disinvoltura.

" Lei è Samanta" la presentò Riccardo

A Martina venne in mente la descrizione del proprietario del Traliccio.

Più alta, più formosa, più truccata, più volgare, un tipo molto appariscente. Con un nome da troia tipo Luana, Debora... Ma Samanta è un nome da troia? Come si distinguono i nomi da troia? Chi lo sa...

Martina allungò una mano per stringere quella della ragazza che si rivelò inaspettatamente molle.

Dicono che è segno di debolezza, ma mi sa tanto che in questo caso è pura e semplice indifferenza. Samanta è il tipo a cui le donne interessano poco per principio.

"Cosa ne dite di un bicchiere di spumante?" chiese Fabrizio che, senza aspettare la risposta, la ordinò al cameriere.

Accidenti, adesso anche lo spumante. Cento calorie in più non me le toglie nessuno, le bevande alcoliche sono maledettamente ingrassanti!

"Che facciamo stasera?"chiese Samanta con una voce rauca e profonda che stupì Martina.

Suona da travestito, ma non può esserlo. Discretamente diede un'occhiata al piede. *No, non è un travestito, ha il piede piccolo; dicono che i travestiti hanno piedoni da uomo. Ma chissà se è vero, dopo tutto ci sono anche uomini che portano il 39!*

"Andiamo alla Baracca!" annunciò Fabrizio deciso come se fosse già definito.

"Alla Baracca? E' una vita che non ci inviti" esclamò Samanta.

Poi con una gentilezza che fino a quel momento non aveva dimostrato chiese se Martina ci fosse mai stata.

"Mai, cos'è? Un locale?

"Oh, no, è la casa di Fabrizio, fuori Milano. Un grande figata di posto. Una casa alla Hollywood."

"Fuori Milano" ripeté Martina a mezza voce mentre sentiva il cuore battere forte dall'emozione. Quel nome lo aveva già sentito, lo aveva nominato la mamma di Alida: la capanna o la baracca o qualcosa del genere. Anche lei aveva creduto che fosse un locale, invece era una casa, la casa di Fabrizio....

Capitolo 11

*La Baracca. Espressione antifrastica, ovvero che definisce
in modo opposto al significato.*

*Ricordo bene questa figura retorica dall'ultimo esame di
italiano all'università. La Baracca ovvero una specie di
castello con tanto di torrette finte, le finestre lunghe e
strette, un vialetto di sassolini che porta al portone di legno.
La baracca per indicare luogo lussuoso, sfarzoso, come ha
ben detto Samanta, hollywoodiano. Una via di mezzo tra il
Castello Sforzesco in dimensioni ridotte e la residenza dello
sweet transvestite di Rocky Horror Picture Show. Forse non
siamo tanto lontani da quest'ultimo, visto quello che ha
detto Emma: "festini di sesso e di droga"...*

La grande sala in cui si trovavano era arredata in modo
semplice, stile rustico - campagnolo, ma non si fermarono
lì. Andarono invece in una delle tante stanze che si
diramavano da un lungo corridoio: un salottino con
poltrone in pelle, tappeto persiano, un tavolino di vetro.

*Sembra tutto molto bello e "in" anche se io di queste cose
non capisco un accidenti.*

Martina aveva una notevole antipatia per mobili e
arredamento. Un'antipatia che forse le era nata dalle
riviste di arredamento che la madre comprava a mazzi per
poi sospirare su questo o quel pezzo "Oh, che
meraviglia..." "Guarda, che bello! Sembra un'opera
d'arte..."

Martina si sentiva sempre più inquieta e nervosa.

Perché mi trovo qui? Sono una stupida. Guarda in che situazione mi sono messa... poteva essere un normale appuntamento, vedrai che Emma aveva ragione, non raccontava balle, questi vogliono fare un festino a quattro, basta vedere la faccia da porcella che ha Samanta, il cinema che fa..."

Samanta stava infatti giocherellando con le ciliegine del drink che Fabrizio aveva portato a ognuno. Una grande coppa piena di un liquido azzurrino che a Martina ispirava una grande diffidenza. Non altrettanto a Samanta che stava leccando la ciliegina con la lingua rosa esibendo un sorriso tra divertito e sensuale.

"Ti piace la ciliegina, eh piccola" sussurrava Riccardo la cui faccia aveva improvvisamente assunto un colorito rossiccio come le ciliegie che leccava Samanta.

Fabrizio le si sedette vicino. Martina sentì il suo odore di uomo, un misto di profumo dopobarba e qualcosa in più che non sapeva definire. Non era lo stesso odore di Francesco. Era qualcosa che non le piaceva. Ma del resto a lei di Fabrizio non piaceva niente. La sola idea che lui le mettesse la lingua in bocca le dava il voltastomaco.

E invece succederà proprio questo, scemetta, e allora che cosa farai?

"Non bevi?"

Lei scosse la testa.

"Non posso. Mi fa male."

"Sei astemia?"

"Sì, astemissima. Già quel bicchiere di spumante era troppo per me. Se bevo anche soltanto un sorso, vomito."

"Ah" fu il solo commento di Fabrizio chiaramente deluso.

"Mi dispiace" disse Martina. Invece non le dispiaceva per niente.

Non aveva detto la verità, anche se non aveva mentito completamente. Era vero che non poteva bere e, se avesse bevuto, probabilmente sarebbe stata male. Non beveva da anni, da quando era cominciata l'anoressia, l'alcol conteneva troppe calorie ed essendo una cosa "inutile" era stato eliminato per primo in quello che Martina chiamava il suo "rigoroso regime alimentare". Ma non era vero che era astemia: in passato aveva bevuto, eccome se aveva bevuto! Con l'amica Alida, litri di spumante, puro, con ghiaccio, con succo di arancia, sekt tedesco, champagne francese. L'euforia delle bollicine, l'euforia di Alida, l'euforia di lei e Alida insieme. *No, non euforia, felicità pura.*

"Allora, se non ti dispiace, me lo scolo io" aveva detto Samanta sporgendosi in avanti.

Lo bevve tutto in un sorso. Tirò fuori la ciliegina e ricominciò il gioco con la lingua con Riccardo che intanto l'aveva presa tra le braccia. La gonna le si era incollata appena sopra la coscia abbronzata, il seno straboccante dalla scollatura stretta sfiorava il volto di Riccardo sempre più rosso, quasi congestionato.

Mio Dio, è orribile. Sembra un diavolo di un film dell'
orrore. Gli manca soltanto la coda, ma anche quella gli
verrà presto.

Fabrizio si era alzato.

"Vado a prenderti un succo di frutta?" chiese. "Vuoi almeno quello?"

No, non lo voleva: un bicchiere di succo di frutta conteneva almeno cento calorie. Ma inutile rifiutare. Avrebbe insistito. E poi le sembrava già così un po' spazientito.

"Grazie" disse lei.

"Hai qualche preferenza per il gusto? Pera, mela..."

No no no, mi porta quegli orribili succhi densi zuccheratissimi, altro che cento calorie.

"Non hai un succo di arancia o pompelmo?"

"No, mi dispiace. Allora? Qualche preferenza?"

"No, fai tu" disse lei rassegnata.

Arrivò con un bicchierone pieno di liquido denso. Martina lo prese e lo assaggiò appena. Come aveva immaginato: zuccheratissimo. E cattivo anche. O almeno così le sembrava.

"Allora, non bevi?"

Un lampo di sospetto: perché continua a insistere perché beva? Non è che abbia messo qualcosa nel succo, ha un sapore così strano...

"Non ti piace?"

"Mm sì, sì, è ok."

Adesso Fabrizio non parlava più. Continuava a fissarla con i suoi occhietti neri da faina.

Aspetta che svuoti il bicchiere, il bastardo. Poi comincia la festa. Per lui però. E comunque devo bere. Non c'è nient'altro da fare. Avevo promesso alla mia psicologa che non lo avrei fatto mai più, ma adesso è inevitabile, anzi necessario..

Bevve il succo, quasi ingoiando, tanto era stata affrettata. Poi si alzò dicendo che doveva andare in bagno.

Fabrizio aveva adesso un'espressione soddisfatta dipinta sul volto.

Bastardo!

Martina s'infilò nel bagno, chiuse a chiave la porta, si inginocchiò sul water e vomitò. Senza neppure mettere il dito in bocca. Il liquido le usciva dalla bocca così, senza alcuno sforzo.

Cavoli, sono sempre brava a vomitare. Non per niente ho fatto anni di allenamenti. Ai tempi riuscivo a mangiare un pranzo intero e a vomitarlo subito dopo nel giro di pochi minuti. Bene, il succo è fuori. O quasi.

Quasi, perché nonostante l'espulsione, qualcosa doveva essere rimasto "dentro". Si sentiva strana, un certo intontimento si era impadronito di lei, non spiacevole, una sensazione simile a una leggera ubriacatura.

Uscì dal bagno malferma sulle gambe. Nonostante lo stordimento, quando entrò in salotto, vide subito che

Samanta e Riccardo erano spariti. Fabrizio stava in piedi davanti a lei. Teneva qualcosa in mano.

"Eri amica di Alida, vero?"

Quella frase la colpì come una frustata.

"Com... come...?"

"Non fare la scena con me. Questa fotografia!"

Martina si avvicinò e vide quello che Fabrizio teneva in mano: era la fotografia di Alida, che aveva preso dall'album della madre di Alida e che teneva nel portafoglio.

"Hai frugato nella mia borsetta..." esclamò cercando di imprimere un tono di rabbia che però non sentiva.

Provava invece una strana sensazione di leggerezza come se tutto quello che giungeva dall'esterno le arrivasse attutito.

"La conoscevi" ripeté lui.

"Sì, un'amica, mi... mia amica."

Oh Dio, faccio anche fatica a parlare.

"Per questo sei qui?"

"Come?"

"Hai capito bene. Per questo sei qui?"

Martina non rispose. Sentiva che doveva aver paura, ma non ne aveva.

Deve essere per quella porcheria che mi ha dato.

"Io non c'entro niente con la sparizione della tua amica, scema."

A Martina parve che pronunciasse quel "scema" con un tono cattivo.

"Vattene subito da qui!"

Martina non si mosse.

"Vattene o ti giuro, com'è vero Iddio, che ti butto fuori a calci in culo."

Adesso tutta la frase era pronunciata con tono cattivo.

Martina prese la borsa dal divano di pelle e, cercando di non barcollare, si avviò nel corridoio.

"Non da quella parte, da questa." La voce era sempre più tagliente, e la mano che le prese il braccio trascinandola verso la porta premeva così forte da farle male.

Si ritrovò sul vialetto di mattoni immerso nell'oscurità. Lo percorse fino in fondo. Uscita dal cancello, si guardò a destra e a sinistra. A sinistra la strada finiva in un cortile buio. A destra proseguiva, tra alberi e cespugli, ma non si scorgeva nessuna casa né essere umano.

Sono in piena campagna. Come ha detto che si chiamava quel posto?

Mentre camminava, adesso meno barcollante, forse ritemprata dall'aria fresca sul viso, Martina cercava di ricordare qualsiasi cosa che la potesse aiutare a individuare il nome del posto dove si trovava.

Era sicura di aver passato Monza, poi altri due o tre cartelli di paesi, ma non ricordava neppure un nome. Eppure aveva cercato di prestare attenzione e tenerli a mente.

Potrei chiamare Francesco, no, forse meglio un taxi. Ma che cosa dico quando chiamo il taxi: "Venite a prendermi vicino alla ...Baracca?"

Doveva continuare a camminare. Prima o poi sarebbe arrivata da qualche parte, avrebbe visto il cartello di una via o di un paese. Ricordava che, venendo da Milano, la macchina aveva percorso una strada asfaltata, finché aveva cominciato a salire. L'inizio della salita era coincisa con l'inizio della strada sterrata.

Ma quella strada, percorsa a piedi nel buio, sembrava non avere mai fine; delle cose si intuivano soltanto i contorni alla luce di una luna sparuta. Martina tolse le scarpe che cominciavano a farle male, e accelerò il passo. Camminava svelta e, quando si accorse che la strada era in discesa, si mise a correre veloce. Doveva essere uno spettacolo davvero buffo, con la gonnellina, le gambe e i piedi nudi, la borsetta che teneva stretta al fianco.

Per fortuna, o dovrei dire per sfortuna, non ci sono spettatori!

Quando arrivò alla strada asfaltata era fradicia di sudore. La prima cosa che vide era un cartello pubblicitario: il Gigante, Carate Brianza, 800 metri. Ecco dov'era! Forse adesso avrebbe potuto chiamare un taxi. No, meglio arrivare in un posto con un riferimento più preciso.

Adesso teneva in mano il cellulare e camminava sul ciglio della strada asfaltata. Era una strada a due corsie, completamente deserta, scarsamente illuminata. Fino a quel momento non aveva avuto paura. Era così contenta di essere fuori da quella casa che non aveva pensato che altri pericoli avrebbero potuto minacciarla lì fuori.

Quando una macchina si fermò improvvisamente di fianco a lei, sobbalzò.

"Ehi, carina, vuoi un passaggio?"

Martina non girò la testa verso la persona che parlava, continuò invece a camminare, lo sguardo fisso davanti a sé.

La macchina procedeva accanto a lei.

"Ehi, troia. Sto parlando con te" disse la stessa voce.

Fu allora che Martina ebbe paura.

Digitò veloce 113 sul telefonino, ma intanto l'uomo stava aprendo la portiera.

Anche se chiamo la polizia, tempo che arrivano, questo mi ha già violentata e magari ammazzata...

Sentì la pelle dietro la nuca diventarle di ghiaccio, il terrore le prese la gola. Martina gridò aiuto tre quattro volte. Il grido si perse nel buio della notte.

L'uomo si guardò intorno come per dire: "non c'è nessuno".

Poi, improvvisamente, il rumore di un motore, una macchina si avvicinava. L'uomo risalì, veloce come un lampo. La macchina che arrivava si incrociò con quella che se ne andava.

Era un'automobile della polizia.

Capitolo 12

La portarono al commissariato a Milano, dove chiese subito del commissario Berruti, l'uomo che si era occupato del caso di Alida.

"Lei è fortunata, questa notte è in servizio" disse uno dei poliziotti che la condusse nel suo ufficio.

Il commissario era un uomo gentile, come aveva detto la mamma di Alida, anche se un po' cupo. Parlava a voce insolitamente bassa con un forte accento meridionale. Dopo che ebbe raccontato tutta la storia, partirono i rimproveri:

"Lei sta facendo un gioco pericoloso, signorina. Quel Fabrizio, nella cui casa si è infilata con tanta disinvoltura, ha dei precedenti. Su di lui noi stessi abbiamo nutrito dei sospetti."

E poiché Martina era rimasta in silenzio, lui aveva continuato:

"Mi dia retta, lasci perdere. Non concluderà niente e correrà rischi inutili. Come questa notte."

"Quindi anche voi avete avuto dei sospetti su Fabrizio?"

"Certo. Che cosa crede? Voi giovani non avete una grande fiducia nella polizia, vero?"

"Non è quello, è che..."

"Sì, è quello, proprio quello, sembra che non capiamo niente, che non concludiamo niente, è colpa della televisione e dei giornali. Non ci fanno buona pubblicità. E in compenso per ogni caso, che a loro sembra interessante, ci stanno addosso, spesso ci mettono anche i bastoni tra le ruote."

"Anche con Alida?"

"No, il caso era troppo vago. Quando una persona scompare, c'è poco da raccontare. Niente cadavere, niente arma del delitto. In questo caso poi non avevamo una sola traccia. Solo dei sospetti. Primo fra tutti proprio questo Fabrizio che ha dei precedenti per violenza carnale, una cosa di vent'anni fa, dei tempi della sua gioventù, ma, si sa come vanno le cose: il lupo perde il pelo, ma non il vizio. E poi è uno che fa affari poco puliti. Ma inutile disquisire sul personaggio. Non avevamo niente contro di lui, non uno straccio di prova, capisce?"

Martina assentì.

"Abbiamo seguito altre piste" continuò lui" però anche quelle non hanno portato a niente..."

Un secondo di pausa come se stesse riflettendo, poi chiese:

"Allora, mi promette che lascerà perdere?"

Lei aveva semplicemente sorriso. Erano le dieci di mattina quando arrivò a casa. In taxi. Aveva rimesso le scarpe, ma il vestito era stropicciato, con macchie di fango sul fondo e i capelli spettinati.

"Per fortuna vivo da sola" si disse e questo pensiero le diede un tale sollievo che, quando entrò in casa, si sentiva quasi felice. Nonostante la notte in bianco, il grande spavento e nonostante il fatto che non avesse concluso niente o quasi. Adesso aveva un elemento in più: conosceva Samanta. La ragazza di cui le aveva parlato anche il padrone del ristorante, la ragazza che sembrava la sorella gemella di Alida, ma "al quadrato". *Più* alta, *più* grossa, *più* volgare.

"Lavori anche tu per le agenzie?" le aveva chiesto, mentre andavano in macchina alla Baracca.

"No, nessuna agenzia. Insegno."

Per poco non le era scoppiata a ridere in faccia.

"Oh, dear" aveva cinguettato in inglese "una maestra!"

"Sei maleducata" l'aveva rimproverata Riccardo.

Martina però, per nulla offesa, aveva approfittato, per chiedere se lei lavorava per qualche agenzia.

"Per la Six" aveva risposto. Dal tono orgoglioso con cui aveva pronunciato quel nome doveva essere un'agenzia importante, quindi facile da trovare.

"Non adesso, però, datti una tregua" mormorò mentre buttava i vestiti per terra e indossava un camicione da uomo che le arrivava a mezza coscia.

Non andò subito a letto. Ascoltò la segreteria: due messaggi di Francesco che probabilmente aveva provato a chiamare sul cellulare silenziato, un messaggio di Emma che le chiedeva se voleva andare a correre la mattina nel parco.

No, quella mattina no. Quella mattina doveva dormire. Dopo, al suo risveglio, avrebbe richiamato entrambi.

Forse.

Bevve una camomilla e mangiò tre biscotti al riso senza zucchero. Poi si sdraiò a letto.

Quando si svegliò era pomeriggio. Bevve un tè, mangio ancora due biscotti di riso, uscì a correre sotto la pioggia battente. Il parco era deserto.

Per la prima volta dopo tanto tempo Martina si sentì allegra anche se non sapeva perché.

Ma già il giorno dopo l'allegria era passata. Doveva andare a scuola.

"Forza. E' maggio" si disse "ultime interrogazioni e verifiche, poi la vacanza."

Doveva avere una faccia terribile quando arrivò in sala professori perché la sua collega di inglese le chiese se stava bene o se non si era ancora del tutto rimessa.

Disse la verità:

"Non sto del tutto bene, però sono venuta perché devo interrogare e mettere gli ultimi voti."

"Devi mangiare di più" fu il commento della collega.

E Martina annuì, come faceva sempre, ma le avrebbe dato volentieri un pugno in faccia.

Quella mattina si sentiva intollerante verso tutti. Anche verso Francesco, che continuava a chiamarla per parlarle di "loro due", un loro due che non esisteva più.

Forse avrebbe dovuto fare come Alida aveva fatto con lei.

Forse avrebbe dovuto dire la verità cruda e brutale.

Non telefonarmi più, sei buono, sei caro, ma io non ti amo.

Nell'intervallo a scuola si precipitò sull'unico computer libero della sala informatica.

Cercò l'agenzia Six Milano. La trovò subito, come immaginava. Digitò il nome di Samanta: eccola! Era scritto

con la h, Samantha, ma era proprio lei. In svariate foto e
pose. Sembrava una delle più richieste.

Su un foglio scrisse il nome e il numero di telefono
dell'agenzia.

"Quella ragazza deve essere una vera celebrità" pensò.

Poi un flash: *Alida... e se anche Alida?*

Digitò nome e cognome insieme alla parola "foto". Un altro
sito, di "pupe". Ci volle poco per arrivare alla foto di Alida,
mezza svestita. Accompagnata dall'invito a guardare la
bella Alida, "senza veli". A pagamento, naturalmente.

"Ehi, ma che cosa stai guardando?" la voce del prof di
matematica, in un tono tra scandalizzato e divertito, le
risuonò alle spalle.

Con un click deciso sul mouse Martina uscì dal sito e da
Internet. Si alzò, testa bassa, rossa in viso.

"Niente di particolare" disse.

E poiché quel giorno era cattiva e ce l'aveva con il mondo
intero, brontolò tra i denti:

"Fatti i cazzi tuoi." Era più che mai sicura che Samanta
conoscesse Alida. Non solo frequentava Fabrizio, ma
anche gli stessi "ambienti".

Non si stupiva del fatto che Alida potesse apparire su un
sito nuda, non si sarebbe stupita neppure se si fosse
messa a fare la prostituta, di alto bordo naturalmente.
Alida era pronta a tutto per "fare strada". Non per
diventare famosa, quello non le importava e non le era mai
importato, ma per fare soldi.

"Una grande villa con piscina, stile Beverly Hills, anzi possibilmente *a* Beverly Hills, servitori e cameriere, questo è ciò che voglio" le aveva detto una volta. E la realizzazione? il successo personale? l'amore? le relazioni "autentiche"? "Tu sei l'unica "relazione autentica", tesoro mio. E il resto non m'importa. Cose da gente con un grande cuore e un cervellone, come te" aveva detto a Martina una volta.

Aspiravo a tutto questo? Forse sì, ma non ho ottenuto niente. Non le relazioni autentiche, non la realizzazione personale, tanto meno il successo. L'unica cosa positiva della sua vita è che vivo da sola. In quanto ad Alida... In fondo cosa ne so lei? Magari, in quel momento, sta sdraiata al bordo della sua piscina venti metri per venticinque nel caldo sole californiano sotto la collina con la scritta Hollywood, gli occhiali da sole, un bikini minuscolo, a sorseggiare un cocktail colorato. Forse lei sì che ha ciò che vuole. Ma perché non chiamare, non scrivere, non dare alla madre nessun segnale? Forse non può, forse è potuta andare via soltanto alla condizione che non facesse sapere a nessuno dove si trova, forse è una testimone di qualcosa...

Forse forse forse. Le ipotesi erano le più varie e le più fantastiche.

Martina, a casa, andò a letto dopo aver mangiato due cracker con il formaggio e una mela.

La pioggia ticchettava sulla finestra.

Forse è meglio mollare. Forse Alida è da qualche parte felice e contenta. Forse mi sto dannando l'anima per niente. Forse sono soltanto una sciocca che vuole dare un senso a tutto questo.

Ma quando si svegliò, ben due ore dopo, si sentì sicura che Alida non era da qualche parte felice e contenta.

Capitolo 13

Aveva telefonato quattro volte in agenzia prima di
riuscire a parlare con Samanta.

"Mi dispiace, ma è un' urgenza" insistette.

Finalmente l'aveva al telefono.

"Martina? Martina chi?"

"Ci siamo incontrate sabato sera e ..."

"Oh porca vacca. Sei tu. Che cazzo vuoi?"

"Parlarti."

"Di che cosa?"

"Di una persona. Possiamo incontrarci?"

"Assolutamente no."

"Ti conviene."

"Cosa vuoi dire?"

"Voglio dire che se non parlo con te, parlo con la polizia."

"E di che? Io non ho fatto niente."

"Farò il tuo nome e potresti essere coinvolta in un
omicidio. Pensaci! Forse ti conviene parlare con me."

L'altra aveva imprecato con la sua voce rauca e sgraziata,
ma poi aveva detto di sì.

Martina era contenta di se stessa. Quel dialogo era stato
un capolavoro, degno di un racconto giallo.

Si incontrarono in un bar vicino all'agenzia in cui
lavorava Samanta.

Neppure vestita con i jeans e la maglietta sembrava una
ragazza normale. Così alta e formosa, i capelli che le si

gonfiavano sulle spalle come la criniera di un leone, le mani dalle unghie lunghissime.

Martina era ammirata.

E' stupenda. Volgare e antipatica, ma stupenda.

"Allora, mi dici che cazzo vuoi?" fu l'esordio poco amichevole.

"Beviamo qualcosa?" la invitò Martina accennando al bar.

"Ok, un caffè."

Nel bar naturalmente si voltarono tutti a osservarle.

"Ci sediamo?" propose Martina.

"No, ascolta, ciccia, ho poco tempo. Cinque minuti e ce la sbrighiamo, ok?"

"D'accordo. Quello che voglio sapere è: hai mai conosciuto una ragazza di nome Alida?"

"No."

"Sì, l'hai conosciuta. Lo so. Non solo avete lavorato nella stessa agenzia, ma siete anche uscite diverse volte insieme. Con Fabrizio e Riccardo e altra gente."

"E allora se lo sai, perché me lo chiedi?"

La cameriera mise le due tazzine del caffè sul banco.

Martina prese la sua e bevve il caffè in piccoli sorsi.

Stava prendendo tempo.

"Te lo chiedo perché è scomparsa."

"Non è un segreto. Lo sa tutta Milano. Era sul giornale per settimane."

"Eravate amiche?"

"No. Però, come hai detto tu, siamo uscite insieme. Tre o quattro volte con Fabrizio e Riccardo. Lei stava insieme a Fabrizio."

"Quella sera in cui è scomparsa siete andati al Traliccio insieme, poi da lì alla Baracca. Cosa è successo?"

Samanta adesso la scrutava guardinga.

"Perché te lo dovrei dire? Ammesso che ciò che stai dicendo sia vero, naturalmente."

"Perché se no, vado alla polizia e racconto ciò che so. Conosco un sacco di gente nell'ambiente, perché mio padre era un poliziotto. Non ci metto niente a far riaprire il caso."

Samanta la guardava diritto negli occhi.

Sta cercando di capire se dico la verità o se sto bluffando. Guardami Samanta, scrutami quanto vuoi. Non troverai nessun segnale. Ho fatto l'abitudine a mentire. Sono abilissima a raccontare frottole, dopo anni di esercizio con genitori e colleghi. Non troverai il minimo segno, nessun rossore, nessun gesto proditorio, niente di niente.

L'aveva convinta perché attaccò a parlare.

"Ok, te lo racconto, perché tanto non c'è proprio niente da nascondere. Quella sera siamo andate al ristorante, poi a casa di Fabrizio. Io stavo con Riccardo. A casa di Fabrizio però lei e Fabrizio hanno litigato. Ma era un po' che era nell'aria."

"Stavano insieme?"

"Sì, credo. Anche se Fabrizio non è tipo da relazioni fisse, dopo che ha divorziato gli piace divertirsi. Forse lei voleva qualcosa di più del divertimento."

"E poi?"

"Poi cosa?"

"Dopo che hanno litigato?"

"Alida se n'è andata. L'ho vista uscire dalla camera da letto, prendere la porta e poi niente. Il giorno dopo ho saputo che era scomparsa, cioè non era mai arrivata a casa. Sai cosa penso? Che abbia incontrato un qualche balordo, che se l'è presa, se l'è fatta e poi l'ha ammazzata. Non sarebbe la prima volta che succede una cosa del genere..."

"Tu ricordi che ore erano quando Alida se ne è andata?"

"Credo le due, forse anche più tardi."

"Era drogata?"

"Drogata? No, Alida non prendeva niente. Forse aveva bevuto un po', ma niente di più."

"Nient'altro?"

"Nient'altro? Senti, mi sembra ti averti detto abbastanza no? Adesso ti saluto, bella mia."

Era già fuori dal bar, quando Martina la raggiunse.

"Pensi veramente che sia stata uccisa da qualcuno?"

Samanta la guardò e per la prima volta il suo volto assunse un'espressione femminile, quasi dolce.

"Non lo so, sinceramente. Ma sono sicura che Fabrizio non c'entra. E' una testa di cazzo, ma non sarebbe in grado di ammazzare nessuno. Io lo conosco: non è buono, però è molle come un fico, non avrebbe mai il coraggio."

Martina aveva bisogno di pensare. Andò al club e si infilò nel bagno turco. Silenzio, caldo, vapore. Un buon posto dove pensare.

Alida fuori dalla Baracca alle due di notte, nel buio di una notte di settembre. La immagino con il suo vestitino nero, le scarpe con il tacco, la catenina con il pendente che le batte sul collo mentre cammina svelta. Io sono stata nella stessa situazione e ho subito pensare di telefonare a un taxi. Se avessi saputo il nome del posto in cui mi trovavo, lo avrei fatto subito. Lei conosceva sicuramente l'indirizzo. Ho anche pensato di chiamare una persona che potesse aiutarmi. Forse ha fatto questo... Probabilmente era triste, voleva essere consolata, ad Alida piacevano attenzioni e complimenti, soprattutto quando era un po' abbattuta. Bene, sono Alida, ho deciso di chiamare qualcuno che mi venga a prendere fuori Milano, nel cuore della notte. Chiamo un uomo? No, forse no, perché un uomo potrebbe poi volere qualche ricompensa. Sono stanca, ho solo bisogno di affetto, di calore e di tranquillità. E se telefonassi ad Emma? Lei ha detto di essere sempre disponibile, per tutti. Emma. Tanto più che so che ha un debole per me, tutti lo sanno.

Martina si alzò dalla panca del bagno turco. Si sentiva debole, aveva mangiato troppo poco. Fece mentalmente il calcolo delle calorie del cibo mangiato fino a quel momento: 350 o poco più, troppo poco anche per lei. Si appoggiò alla porta del bagno turco.

Vado al bar a prendermi una coca light. E' zucchero finto, però so che almeno per un'oretta mi tira su, il tempo di arrivare a casa e farmi una tegliata di verdure.

Nello spogliatoio però incontrò Emma. *Ma quante ore passa in questo posto?*

"Sono contenta di vederti..."

Martina non rispose.

"C'è qualcosa che non va?" Emma le si era avvicinata. Martina non poté fare a meno di gettare una critica occhiata ai fianchi cellulitici della donna.

Perché osservo le donne sempre come se fossero degli oggetti di desiderio? Come se pensassi di andarci a letto? Valutandone la bellezza delle forme, la morbidezza della pelle, la consistenza della carne? Ma... forse sono davvero lesbica. E sono anche stronza: le donne che passano il mio esame sono veramente poche. Per esempio con questa non andrei mai a letto. Mi fa orrore quasi quanto Fabrizio. Anche se per altre ragioni: troppo flaccida, troppo vecchia, troppo...

Di nuovo la voce di Emma, che sembrava venire da lontano:

"C'è qualcosa che non va?"

"Sì, credo di non sentirmi bene. Forse un calo glicemico."

Emma, premurosa, si vestì in tutta fretta e l'accompagnò al bar dove Martina prese la sua coca light.

"Vai a casa adesso?"

"Sì. Ti accompagno."

"Ma no. Non è il caso."

"Insisto."

L'accompagnò fino a sotto casa facendosi promettere che il giorno dopo sarebbe andata da lei a cena.

"Ma io non mangio quasi niente" protestò Martina.

"Va bene, non mangiamo niente, allora. Chiacchieriamo, guardiamo un film... quello che vuoi."

Martina era salita a casa sentendosi in colpa.

La sto ingannando, poveretta! Lei è così gentile e invece a me di lei non importa nulla. La frequento solo perché voglio sapere di Alida. Alida era stata nei suoi pensieri per mesi e mesi dopo che si erano lasciate, dopo che *lei* l'aveva lasciata. L'aveva cercata, come Francesco adesso faceva con lei, e Alida l'aveva tenuta lontana, come lei adesso teneva lontano Francesco.

Martina, studentessa brillante, tutti 30 sul libretto meno un 28 in geografia, materia che odiava, non aveva smesso di studiare, come spesso succede in questi casi. Anzi, si era buttata sui libri con una passione quasi selvaggia. Ma quando era giunta alla laurea, in tempo record e naturalmente con 110 e lode, aveva smesso di mangiare. Improvvisamente, da un giorno all'altro, una specie di digiuno interrotto da qualche insalata. I suoi se ne erano accorti subito. Anche perché dimagriva a vista d'occhio. Si era lasciata portare da una psicologa specializzata in "disturbi alimentari" che le chiedeva di

collaborare. "Sei tu che devi farcela" una frase ripetuta
ossessivamente.

Ma Martina non capiva, non voleva capire, e non
"collaborava". La psicologa parlava, consigliava,
raccomandava, lei ascoltava, non parlava, diceva sì sì,
poi, a casa calcolava con meticolosità le calorie che
"immetteva" giornalmente, se mangiava troppo o "si
lasciava andare", vomitava scrupolosamente tutto il
superfluo, stava costantemente in movimento (corsa,
cyclette, nuoto), non si occupava di niente e di nessun
altro, se non di questo. Poi, un giorno, svenne. La
portarono in una clinica, da lì chiesero il ricovero. Fu
portata in un'altra clinica e cominciarono una terapia.
*Perché ti stai facendo questo Martina?" "Non lo so." "Sì, lo
sai. Ormai lo sai. Sono mesi che parliamo e tu non mi
racconti la verità. Devi parlare, parlare con me." "Ho
parlato." "Ma non mi hai aperto nessuna strada." "Ho
cercato." "Non a sufficienza. Devi farti aiutare. Se non vuoi
farti aiutare, devi essere tu ad aiutarti."*
Dopo tre mesi Martina aveva riacquistato dieci chili,
stava fisicamente bene.

Aveva scritto scritto scritto, tutto quello che aveva trovato
in se stessa, e tutto la riportava a quel momento,
all'abbandono di Alida. *E' finita, non ci possiamo più
vedere, almeno non così come facciamo adesso.* Alida
l'aveva lasciata e lei non aveva più trovato nessuna
ragione per vivere.

Ma il nodo era veramente lì? No, secondo la psicologa doveva risalire a molto prima, alla sua infanzia, a quando era bambina, a qualche... evento. Doveva cercare forse qualcosa di eclatante, di importante, di cruciale? Non c'era. Non aveva subìto stupri, molestie o violenze. Non era stata legata al letto, picchiata con il ferro da stiro, non era neppure caduta dal letto.

Eppure qualcosa ci deve essere. C'è un danno. Una falla. Una parte di me che fa acqua. Com'è successo? Sono nata così, o lo sono diventata? Sono andata indietro alla mia infanzia cento, mille volte, volontariamente con sforzi di memoria per cercare lì quello che mi mancava, e involontariamente, come accade tutti, portata da un odore, un rumore, un sapore. E la mia immagine è sempre la stessa. Una bambina bella buona saggia posata educata. Lo ero fuori, ma non solo: mi sentivo bella buona saggia posata educata, anche dentro. Ero soddisfatta di me, tutti erano soddisfatti di me: i miei genitori, i maestri, i parenti. Nessun sentimento di ribellione, di pena, di insofferenza? Non lo so. Ricordo a sei anni in prima elementare quando mi feci mettere in castigo apposta per rubare le caramelle dalla borsa della maestra. Ma erano episodi isolati e non ricordo, assolutamente non ricordo, alcun sentimento. Non ricordo neppure di aver amato i miei genitori. Forse ero troppo occupata ad apparire: una bambina bella buona saggia posata educata. E dopo sono stata ancora bella buona saggia educata. Come mi avevano visto i genitori, così mi vedevano i professori, gli

amici, i fidanzati. Ma non Alida. Alida non mi voleva
bella buona saggia educata e con lei sono stata un'altra
Martina. Quella vera? E poi quando Alida non c'è stata
più, ho cercato di distruggere, una per una, tutte queste
cose, con l'anoressia. Se sei anoressica non sei saggia né
intelligente agli occhi degli altri, ma soltanto una povera
stupida che passa il tempo ad allucinarsi con il cibo,
diventi brutta, chiusa in te stessa, vivi soltanto per il tuo
non-corpo.

Era uscita da dall'ultimo girone dell'inferno, risalendo a
poco a poco, giorno dopo giorno.

"Adesso puoi riprendere la tua vita" aveva detto la
psicologa.

"Ma quale vita?" aveva chiesto.

"La vita che vai costruendoti. Martina, sei giovane sei
intelligente sei bella. Puoi fare quello che vuoi."

Martina si diceva che era quello che diceva a ognuna
delle malate che vedeva. Fosse anche stata una ritardata
con i bubboni in faccia le avrebbe detto la stessa cosa. I
dottori mentivano. Non lo facevano apposta. In fondo era
il loro lavoro: perché le pazienti ai loro occhi erano tutte
uguali. Stessi sintomi stessi comportamenti stesse
guarigioni o stesse non guarigioni.

E io sono guarita. Non rischio più di morire, non ho
bisogno di flebo né di cure, anche se non ho costruito
nessuna vita, almeno non una vera. La mia è una vita di
facciata, una vita giusto per averne una.

Aveva cominciato a insegnare, un lavoro che la interessava poco, ma che fino a quel momento aveva svolto con scrupolo, si era messa con Francesco, un uomo che l'amava e che lei non amava, continuava a mangiare poco, ma non così poco da stare male.

L'unica cosa veramente positiva che ho fatto è andarmene di casa. Per sempre.

Capitolo 14

Dopo la scuola di pomeriggio andò al club. In palestra c'era Enrico.

Lei in cyclette, lui accanto in piedi a chiacchierare. Le raccontava la sua vita: aveva studiato all'Isef, era diventato istruttore, stava scrivendo un libro sul nordic walking, una specie di camminata con i bastoni (che Martina classificò subito come "roba per i grassoni"), non era soddisfatto della sua vita, se fosse tornato indietro avrebbe studiato medicina. In effetti ci aveva già provato, anni prima, ma non aveva passato il test di ammissione, si era abbattuto e aveva ripiegato sull'ISEF.

"Non è quello che avrei desiderato di fare, ma è meglio di tanti altri destini."

Destini, mi piace questa parola.

"Già, neppure io sono contenta del mio … destino."

"Perché?"

"Lavoro che mi piace poco, vita che mi piace poco, gente che mi piace ancora meno."

"Quale gente?"

"Tutta la gente. Non sopporto nessuno."

Lui si mise a ridere.

"Beh, almeno sei sincera."

"No" replicò lei con sicurezza. "Non molto, o comunque non sempre. Anzi, direi piuttosto raramente."

Era stupito.

Martina parlava liberamente come non aveva fatto da tempo.

"E poi sono sempre mezza depressa, una vera lagna, non mi sopporto più neppure io. Meno male che almeno vivo da sola."

"Ti piace?"

"E' l'unico aspetto positivo della mia esistenza."

"Come ce la fai?"

"Intendi dire economicamente?"

"Già."

"Mangio poco."

Lui scoppiò a ridere.

"No, veramente, una componente è quella. La spesa per il cibo è contenutissima. Conta poi che non mangio mai né nei bar né nei ristoranti. Mi compro pochi vestiti, spendo per i libri ma costano poco."

"E il tuo fidanzato, cosa dice?"

"Niente fidanzato. O meglio un ex recentissimo."

Lui la scrutava con occhi curiosi.

"Strano."

"Perché?"

"No dai... non farmi dire la solita frase banale."

"Cioè?"

"Bella come sei..."

"Oh Dio."

"Te lo avevo detto che era banale."

Martina sorrise.

Sì, mi piace. Mi piace proprio.

Era rimasto a parlare con lei forse troppo tempo perché il capo palestra, passatogli vicino, gli mormorò qualcosa con aria severa.

"Sì, vado subito" disse lui. E Martina lo vide avviarsi verso una donna anziana che stava in piedi esitante davanti a una macchina per i pesi.

Tornò dopo qualche minuto.

"Ti hanno sgridato?" chiese Martina che nel frattempo era salita su uno step. "A causa mia?"

"Non a causa tua. So che non dovrei rimanere a parlare con le socie. Regola del club. Ma non me ne importa niente, spero di dover lavorare qui il minor tempo possibile."

"Pensi di poter trovare qualcosa di meglio?"

"Non so... vedremo... Cosa dici se ne parliamo una di queste sere magari davanti a una pizza?"

"Davanti a una pizza no. Io non mangio pizze."

"Davanti a qualsiasi cosa tu voglia."

"Un pacchetto di cracker."

Lui scosse la testa ridacchiando.

"Vada per il pacchetto di cracker."

Martina prese l'asciugamano e lo arrotolò intorno al collo. Stava per mettersi a fare stretching nell'angolo riservato agli esercizi nella palestra, ma con la coda dell'occhio vide entrare Fabrizio che si avviava a passo sicuro verso un tapis roulant.

Sgaiattolò fuori non vista, senza neppure salutare Enrico. Temeva di attirare l'attenzione di Fabrizio.

Probabilmente avrebbe fatto finta di non conoscerla, ma era meglio evitare.

Nello spogliatoio continuava a pensare a Enrico.

Sembra dolce e divertente. Due buone qualità. Oltretutto è anche molto carino. Chissà se ci sarà un seguito. Certo che non sarebbe proprio il momento per cominciare una storia e poi io non sono brava in quello che nella letteratura chiamano "schermaglie amorose". Ho vent'otto anni, quasi ventinove, e nella mia vita sono stata a letto con tre uomini e una donna. Della donna mi sono innamorata, degli uomini no. Perché la donna era una donna o perché la donna era Alida?

Dopo Alida, del resto, non ho mai incontrato né cercato donne che mi siano piaciute. Neppure come amiche. C'è stato Francesco in questi ultimi due anni che mi ha fatto da mamma, da amante, da amica. Povero Francesco...

Pensava a lui mentre usciva dal club e si avviava verso la fermata dell'autobus quando se lo vide davanti.

"Martina!"

Lei indietreggiò.

"Cosa c'è? Ti faccio anche paura adesso?" chiese lui costernato.

"No, no, scusa. Non sono molto in me in questo periodo."

"Posso darti un passaggio?"

Martina esitò.

"Allora è vero. Hai paura di me."

"Non dire sciocchezze! Soltanto che non ho voglia di parlare di..."

Lasciò la frase in sospeso, ma lui capì lo stesso.

"Di noi. D'accordo non parliamo di noi!"

Martina lo seguì fino alla macchina parcheggiata sul ciglio della strada.

Francesco guidava con sicurezza. Martina lo osservava, come lo aveva osservato decine di volte mentre guidava, il profilo dal naso diritto, i capelli ricci che a malapena coprivano la fronte spaziosa, la bocca sottile.

"Ti porto a casa?"

"Sì, grazie."

"Ti vedo stanca."

"Lo sono."

Francesco fermò la macchina di colpo al bordo di un marciapiede approfittando di una strada con poco traffico.

"E' successo qualcosa, ne sono sicuro."

Martina scosse la testa.

"Ho capito. Non mi ami più, forse non mi hai mai amato, mi hai voluto bene. Tu non sai quanto mi fa stare male questa cosa."

"No, lo so, è successo anche a me."

"Ma se mi hai detto che non sei mai stata innamorata prima?" aveva alzato la voce. "Allora mi hai mentito, come mi stai mentendo adesso..."

Martina teneva lo sguardo rivolto verso il sedile, si ostinava a non guardarlo in faccia, ma quando alzò lo sguardo vide che piangeva. Allora decise che era il momento di raccontargli tutto. Non gli avrebbe fatto bene, ma almeno avrebbe capito. Forse.

Capitolo 15

A casa ebbe appena il tempo per vestirsi. Emma passava a prenderla alle sette e mezzo. Si era offerta lei. "Abito un po' lontano, coi mezzi ci metti una vita. In auto a quest'ora è mezz'oretta." Aveva ragione.

La cena era a base di pomodorini e mozzarella light, insalata e torta di asparagi. Martina mangiò molti pomodorini, qualche tocco di mozzarella, tutta la ciotola di insalata scondita e una fetta di torta di asparagi. C'era anche una bottiglia di vino bianco. Martina lo assaggiò appena, Emma se ne servì abbondantemente.

Intanto parlava. Un fiume di parole, di commenti, di sentenze, di pettegolezzi.

Mentre Martina sbocconcellava un panino ai cereali, ascoltava. Il racconto sull'ex marito era senz'altro la parte meno interessante di tutte, una storia di quelle che succedono a tante, sentite decine di volte: Emma era stata una donna bellissima, il marito un ex calciatore ricco sfondato, con una società sua e proprietà varie in tutto il mondo. Lei era innamorata e pensava che anche lui lo fosse. Pensava, perché tempo sei mesi lui aveva preso a tradirla. Una via l'altra, donne essenzialmente giovani, tante ragazze. E lei? Lei aveva sopportato, per amore o forse per convenienza, aveva tollerato tutto. Infine proprio l'anno prima era finito tutto. Definitivamente.

"Questi sono gli uomini. Ma le donne non sono migliori, sai? Io nella mia vita dall'amore e dall'amicizia ho avuto soltanto fregature... Io penso che... la vita sia proprio così, ingiusta con le persone generose, con quelle come me che danno e danno... "

Aveva aspettato un assenso da parte di Martina che però non rispondeva.

"Non credi?" chiese allora.

"Ma non lo so. Gli altri non sono mai stati al centro della mia vita. Anzi direi un... contorno."

"Che brutta metafora, proprio sul cibo! E il piatto forte?"

"Credo me stessa. Il mio io mi ha sempre dato da pensare alquanto. E poi i libri, sono sempre stati molto importanti per me."

Che sciocchezza. Quale me stessa? Quella problematica Martina ex anoressica? In quanto ai libri: forse sì, preferisco leggere cose vissute e pensate da altri che viverle io. Perché no, in fondo?

"Stai bene sola?"

"Bene, non lo so, ma sto meglio che insieme agli altri. Forse gli altri, gli uomini sono sempre stati una specie di accompagnamento finto."

"Cosa vuoi dire?"

"Ne avevo bisogno, come si ha bisogno di un paio di pantofole calde quando si ha freddo. Poi una volta passato il freddo..."

"Quindi non sei mai stata innamorata."

Dirglielo o non dirglielo? Confessare a una possibile
lesbica di avere avuto un rapporto con una donna avrebbe
potuto condurla in situazioni imbarazzanti, ma mentire?
Sì, mentire.

"No, proprio innamorata mai."

"Io sì, tante volte, troppe volte. Io sono una che non
riesce a stare sola, mia cara. Io patisco la solitudine. Sola
in casa a volte mi sembra di diventare matta. Tu come
fai?"

"Io leggo, leggo tanto, i libri... "

Ma Emma non la stava più ad ascoltare. Era partita per
l'ennesima confessione. Le parlava adesso dello strazio
della solitudine, delle delusioni di coloro che non sono
come pensavi, di quelli che l'avevano tradita, le avevano
mentito, si erano rivelati doppi, tripli. Di come fosse
stanca di tutto questo.

Anch'io sono stata tradita, ma era prevedibile. Alida non
era doppia, Alida aveva un solo volto. Una donna forte
viva spensierata opportunista bambina. Una donna
speciale.

"Ho incassato per tanto tempo e tante volte, ma poi forse
a un certo punto non si ha più voglia di dare di
impegnarsi."

Impegno? Era questo l'amore? Un impegno? In fondo
aveva ragione: anche a me dopo tutto, è accaduto quello
che è accaduto ad Emma. La passione, la delusione e poi
un basta all'amore, basta alla sofferenza. Il mio

innamoramento per Alida mi ha saturato per tanto tempo,
o forse sarebbe meglio dire: ibernata.

"Scusa, forse ti sto annoiando con tutte queste chiacchiere!" esclamò di colpo Emma.

Si alzò e tornò con una bottiglia. Un superalcolico.

Martina fu percorsa da un brivido: quello era stracalorico. Vietato, vietatissimo.

Ma in quei giorni aveva mangiato talmente poco. Poteva accogliere almeno cinquecento calorie in più. Per questo accettò il bicchiere di whisky che Emma le offriva. Da parte sua se ne versò un'abbondante razione.

Aveva ricominciato a parlare. Ancora amore, solitudine, delusioni. Improvvisamente tacque. Forse aveva fatto una domanda a cui Martina non aveva risposto. In effetti non stava ascoltando. Un po' annoiata, un po' stordita dall'alcol a cui non era più abituata.

"Scusami, ti sto annoiando" disse Emma per la seconda volta.

"No, no. Il fatto è che sono un po' stanca."

"Beh, in effetti è tardi."

Martina guardò l'orologio. Era l'una.

"Sì, è tardi, è ora di andare a casa."

"Ti accompagno io."

Emma si alzò, ma barcollava.

Sfido con tutto quello che ha bevuto, tra vino e whisky....

"Forse è meglio se chiamo un taxi" disse Martina. "Non mi sembri in grado di guidare."

"Perché non resti qui a dormire? La casa è grande, ho una camera per gli ospiti che aspetta solo te."

Bene, era quello che speravo. Forse domani mattina avrò la possibilità di dare un'occhiata in giro.

"Allora? Cosa ne dici?"

"Sì, ti ringrazio. Però non ho portato niente, voglio dire, spazzolino, pigiama ..."

"Non ti preoccupare. Fornisco tutto io."

"Grazie, sei veramente gentile."

"A che ora ti svegli?"

"Molto presto in genere, ma non voglio disturbare."

"Non ti preoccupare! Quando ti svegli, fai pure le tue cose. La casa è grande e la mia camera è lontana dalla cucina. In quanto al bagno, ce n'è uno proprio accanto alla tua stanza. Anch'io comunque spesso mi sveglio abbastanza presto. Se non mi vedi, quando stai uscendo, chiamami. A che ora cominci la scuola domani?"

"Tardi, alle dieci."

"Bene."

Emma la guidò nella sua camera, le fornì un pigiama a fiori (*orribile!*), un paio di ciabattine ancora impacchettate di un qualche hotel, un accappatoio.

"Servizio completo, my darling."

Quando Martina tornò dal bagno, la trovò ancora lì.

"Volevo darti il bacio della buona notte."

Avvicinò le labbra alle sue, Martina scostò il viso, il bacio sviò su una guancia.

"Buona notte" disse Emma andandosene.

Si svegliò alle sei come sempre.

E adesso cosa faccio? Due minuti a letto, poi mi alzo, vado in bagno, faccio colazione. Chissà se c'è qualcosa che posso mangiare? Magari bevo soltanto e va bene così visto che ieri sera ho tirato la corda. Poi aspetto che si alzi, mentre fa la doccia, vado nella sua camera da letto e frugo dove posso. In cinque dieci minuti è improbabile che porti qualche frutto, però devo tentare.

Dopo una breve doccia, andò in cucina in punta di piedi. Era una cucina ultramoderna con un frigorifero enorme e le pentole *(di rame?)* appese sopra al reparto cottura.

Una vera sciccheria.

La sua cucina era minuscola e vecchia. Quando si era trasferita nel bilocale in cui abitava non si era preoccupata di cambiarne lo squallido arredamento. Non le importava di tavoli, sedie, poltrone, letti, l'importante era che fossero in minor numero possibile. E per i suoi gusti quella cucina da copertina era troppo affollata e decorata.

Fece una colazione a base di tè - ne aveva almeno cinque barattoli diversi - e quattro biscotti integrali. Aveva cercato le calorie sulla confezione. 40 calorie ciascuno, quattro ce ne potevano stare....

Aveva appena bevuto l'ultimo sorso quando alla porta si affacciò Emma.

Struccata, appena alzata dal letto, sembrava più vecchia: due rughe profonde ai lati della bocca le davano un grottesco aspetto da clown. Naturalmente Martina si tenne per sé l'osservazione. E si limitò a chiedere cautamente:

"Sei ancora stanca?"

"No, di mattina sono sempre così. Senza trucco e appena alzata da letto si vede quanto sono vecchia."

Ma è poi così vecchia Emma? Non penso che abbia più di cinquant'anni...

"Tu invece sei bellissima."

Emma stava aprendo in successione tutti gli armadietti della cucina.

"Hai bevuto il caffè?"

"No, ho fatto il tè. In genere bevo il caffè più tardi..."

Emma era in piedi sulla sedia a guardare sulla mensola più alta della dispensa.

"Porca miseria... non c'è. E' finito."

Rimase qualche secondo in riflessione in piedi sulla sedia, forse indecisa sul da farsi.

"Perché non bevi il tè?" chiese Martina.

"Io di mattina non posso fare a meno del caffè."

"Se vuoi vado io a comprarlo."

"Ma no, scherzi? Però grazie per l'offerta. Vado io. Mi vesto e volo fuori, il negozio qui all'angolo vende anche il caffè."

"E' già aperto?"

"Sì, perché fa anche da bar."

Che fortuna, che fortuna insperata...

Emma scomparve e ricomparve dopo qualche minuto vestita di jeans e maglietta.

"Vado. Arrivo subito."

Appena Martina sentì chiudersi la porta, andò nella camera da letto di Emma.

Era grande con un letto a due piazze, un armadio gigantesco, una scrivania antica, una poltrona con un tappetino davanti, e alle pareti quattro specchi a grandezza d'uomo.

Martina aprì l'armadio: non poteva pensare di frugare lì dentro. C'era una selva di vestiti, giacche, pantaloni, borse, appesi, impilati, distesi.

La scrivania... è qui che in genere la gente tiene le cose importanti. Se almeno sapessi che cosa sto cercando sarebbe un po' più facile!

Aprì i cassetti: c'erano carte, fogli, documenti. Li scorreva con lo sguardo, perlopiù non capiva neppure di cosa si trattasse. Atti notarili, atti di acquisto, ricevute per somme che a Martina parevano straordinarie. Emma doveva essere davvero ricca. Nel cassetto inferiore c'erano degli album di fotografie. Cominciò a sfogliarli: uno lo scartò subito perché conteneva soltanto foto di Emma da bambina e da ragazza. Era veramente molto bella da giovane, come Martina aveva pensato e come lei stessa diceva; un altro conteneva foto del suo matrimonio.

Il marito era basso, la faccia che altri avrebbero trovato virile con le labbra carnose e le sopracciglia folte, ma che Martina valutò come "scimmiesca". Poi foto di vacanze, delle località più svariate, soltanto due foto in cui compariva un bambino.

Niente di particolare. Io comunque i bambini non li distinguo. Facce infantili, occhi grandi belli e vuoti, bocchine umide. Per me sono tutti uguali. Questo deve essere il bambino di suo marito. Emma una volta mi ha accennato al fatto che aveva avuto un figlio dalla prima moglie. Lei invece ne voleva, ma non è riuscita ad averne.

Martina aprì l'ultimo album, ma in quel momento sentì la chiave che girava nella toppa.

Accidenti, è già qui!

Chiuse l'album, lo ripose nel cassetto, uscì dalla camera. Quando Emma entrò, la trovò in corridoio.

"Stavo andando a vestirmi" disse Martina.

"Preparo il caffè, poi mi faccio la doccia e, se vuoi, poi ti accompagno."

"Non ti disturbare se sei in ritardo."

"Nessun disturbo."

"Bevi solo il caffè?"

"Sì, di mattina non mangio niente. Dovrei, vero? Secondo le regole dietetiche sbaglio, lo so, ma la mattina è l'unico momento in cui non ho un gran fame. Prima quando frequentavo il Velour, il club del centro, allora facevo colazione e pranzo insieme, perché al ristorante servivano uno splendido brunch. Però poi ho perso l'abitudine, qui al Wageclub..."

Martina perse il filo. Quanto parla, 'sta donna! Troppo, davvero troppo. Di mattina non mangia, ma parla parla

parla... Ma una che ha ammazzato un'altra persona può avere voglia di parlare così tanto poi?

Martina faceva appena in tempo a pronunciare abbozzi di approvazione come "sì, certo, hai ragione..."

"Vado a fare la doccia" disse infine Emma.

"Ti aspetto."

"Sarò velocissima. Anche perché devo essere di ritorno per le otto e trenta ché viene Susanna."

"Chi è Susanna?"

"La donna che mi fa i mestieri. Viene tutti i giorni, meno il sabato e la domenica."

Martina sapeva che Emma non era capace di "essere velocissima". L'aveva vista nello spogliatoio: stava sotto la doccia un tempo infinito, poi metteva la crema per il corpo, due tipi, una anticellulite per cosce e sedere, una idratante per le altri parti. Il seno non aveva bisogno di nessuna crema anti perché era rifatto.

"Nuovo di zecca" aveva detto Emma, "un regalo che mi sono fatta quando mio marito mi ha lasciato!"

Scomparve nella stanza da bagno e Martina tornò nella camera da letto. Aprì il cassetto e sfogliò l'ultimo album che Emma teneva. C'erano soltanto sei pagine di fotografie. Un gruppo di uomini adulti, tra cui Martina riconobbe il marito di Emma. C'era anche una foto di Alida. Era con Emma su una spiaggia. *Potrebbe essere una qualche località in Liguria. Quindi sono andate al mare insieme...*

Ripose l'album nel cassetto e aprì l'ultimo in fondo. In una cassetta con il coperchio in peltro, adagiati su un fondo di velluto blu, c'erano diversi gioielli. Martina li prese in mano: una catenina d'oro, un bel bracciale di platino, un anello con un piccolo teschio d'argento, un pendaglio ...

Oh Dio, ma quella era la luna, la luna di Alida. Martina la prese in mano stordita.

E' veramente il ciondolo della catenella di Alida? La osservò attentamente. *Sì, è quella. Sicuramente possono esserci ciondoli simili, non era un pezzo unico, ma non sarebbe una strana coincidenza? Forse Alida l'aveva regalata ad Emma? Escluso. Era una delle poche cose a cui Alida fosse affezionata. Diceva che l'aveva avuta dal padre quando ancora c'era. Un ciondolo che portava sempre. Ma se non era stata lei a dargliela, allora...*

Prese il ciondolo in mano e uscì dalla stanza. E adesso? Cosa doveva fare? Quella poteva essere una prova? Poteva andare alla polizia con il ciondolo e dire che l'aveva trovato a casa di Emma. E questo cosa dimostrava? Niente, o poco.

Non c'è niente da fare, devo affrontare Emma. Adesso? Sì, adesso. Fallo per Alida!

Nei tre anni che aveva trascorso con Alida era stata felice. Non serena, contenta, soddisfatta, autenticamente felice. Alida le dava una gioia e una forza che lei stessa non possedeva e forse non possedeva neppure Alida, ma era capace di comunicarla agli altri. Alida era magica.

Non buona, non generosa, non interessata al prossimo.
Ma calda, vitale, così forte e serena da dare la sensazione
di una creatura immortale. Una specie di dea
indifferente, che esercitava il suo misterioso potere
creando incantesimi. Tirare fuori il meglio di ognuno.
Oggetto di quell'incantesimo Martina aveva trovato una
se stessa brillante, vivace, intelligente.
Sì, glielo devo. Per quei tre anni.
L'espressione sul volto di Martina doveva essere
eloquente perché Emma che la incrociò nel corridoio,
avvolta in un grosso asciugamano, i capelli bagnati
appiccicati al collo, le chiese con tono allarmato:
"Cosa succede?"
Martina involontariamente strinse il pugno.
"Cosa tieni in mano?" Il tono era sempre più allarmato.
Possibile che intuisca?
"Ho trovato una cosa."
"Cosa?"
"Ho trovato ... "
Aprì la mano.
"Ma che cazzo...?" Esplose la donna e gli occhi verdi le si
fecero quasi fosforescenti.
Martina esitò.
"Hai frugato in casa mia, cazzo?"
Le si avvicinò. Sembrava minacciosa. Martina si ritrasse.
"Stronza!" gridò. Fece un altro passo verso di lei.
Adesso mi mette le mani addosso.
"No, aspetta. Calmati!"

"Calmati un cazzo!"

"Ascolta, Emma."

"Vaffanculo."

"Emma, mi dispiace, dovevo farlo, per Alida. Io ti ho mentito quando ho detto che non ho mai amato nessuno. Ho amato lei. E tu sai che cosa significa amare qualcuno. Lo sai meglio di me."

Emma la guardò per qualche secondo. Come di sospensione. Scosse la testa.

"Sì, lo so. Meglio di ogni altro" disse e questa volta il tono di voce era cambiato. Era il solito tono tra isterico e rassegnato di Emma.

Capitolo 16

Quella mattina Martina non riusciva a stare ferma in cattedra. Si muoveva continuamente sulla sedia pur rendendosi conto che in questo modo rendeva nervosi i già nervosissimi ultimi "interrogati" del quadrimestre. Li lasciava parlare anche quando dicevano strafalcioni che in un'altra occasione avrebbero provocato il suo sdegno. Ogni tanto sbottava: "Non becaus ... bico(u). Non Oscar wild ... waild" ma i suoi pensieri erano altrove. Continuava a pensare al suo colloquio con Emma. La prima cosa che le aveva detto era che lei non sapeva niente della scomparsa di Alida. Sì, quella notte era stata lì a casa sua; era andata a prenderla vicino alla Baracca, contenta che si fosse rivolta a lei in quel caso di necessità. Per lei sono un'amica, aveva pensato, sono una persona a cui appoggiarsi. D'altra parte avrebbe fatto qualsiasi cosa per Alida, di cui era perdutamente innamorata. Era le tre di notte quando erano arrivate a casa.

"Alida ti aveva raccontato cos'era successo tra lei e Fabrizio?" aveva chiesto Martina.

"No, soltanto qualche accenno. Mi aveva fatto capire che le aveva proposto l'ennesima porcheria e lei aveva rifiutato. Comunque non sembrava una cosa grave. Cioè avevano litigato, lei c'era rimasta male, anche perché l'aveva buttata fuori di casa, ma non sembrava particolarmente scossa."

"Perché mi hai raccontato allora che Fabrizio poteva essere il responsabile della scomparsa di Alida?"

Si era irritata.

"Non è stata una balla. Pensavo e penso tuttora che Fabrizio c'entri qualcosa, anche se non so in che modo. E' un tipo..."

"Disgustoso."

"Sì, disgustoso."

Emma sembrava pensierosa. Per la prima volta da quando la conosceva aveva taciuto qualche secondo come se non sapesse come continuare.

L'aveva aiutata lei.

"E poi cosa è successo?"

"Era notte fonda e mio marito dormiva. Nell'altra ala della casa, che non ti ho fatto vedere, ma comunque temevo di svegliarlo. Siamo andate in cucina, le ho preparato una camomilla con il miele, e ... improvvisamente è arrivato mio marito."

Pausa.

"E allora?"

"Mi è bastato vedere lo sguardo che si sono scambiati. C'era sorpresa ma anche complicità, una fiammella che la vecchia Emma ha riconosciuto immediatamente. Non solo si conoscevano. Erano anche amanti. Mio marito, naturalmente, ha fatto finta di niente e anche lei. Una bella coppia di pezzi di merda."

Di nuovo aveva taciuto qualche secondo.

"Poi mio marito è tornato a letto e io zitta. Sinceramente

non sapevo cosa fare. Alida è andata nella camera degli ospiti, in quella in cui tu hai dormito questa notte. Io mi sono messa a letto, ma non riuscivo a dormire, Cristo, ero tormentata da quel pensiero, che i due se la facessero alle mie spalle. Mi sono alzata e sono andata in camera di Alida. Ho spalancato la porta e l'ho trovata in piedi. «Cosa c'è? Mi hai spaventato!» ha detto. Io, naturalmente, avevo capito: stava per sgusciare nella camera di mio marito, la stronza. «Cosa stavi facendo?» «Andavo in bagno, perché?» Mi guardava tra l'ingenuo e il sospettoso. Era straordinariamente sveglia... Mi è venuta un'incazzatura bestiale. La mia Alida, che adoravo come una dea, mi stava prendendo per il culo! Andava a letto con mio marito... e non solo, voleva farlo anche in quel momento, quella notte con in casa me. Sapeva che io e lui non andavamo d'accordo, non era un segreto per nessuno, però... da qui a ... «Sei una troia» le ho detto. Lei ha spalancato gli occhioni nocciola: «Perché mi stai dicendo questo?» «Vai a letto con Fabio.» «Fabio chi?» «Non fare la bugiarda con me...» E' cominciata una lite. Non ci ha messo molto a confessare, forse pensava che Fabio mi avesse detto qualcosa e che fosse ormai inutile negare. Le ho intimato di andarsene. Lei ha guardato l'orologio e poi se n'è uscita con una frase che voleva essere spiritosa tipo «Oggi volo fuori da tutte le case.» Fare dello spirito in quel momento... io ero a pezzi e lei faceva la sua battuta. Non ci ho visto più. L'ho presa per un braccio, volevo darle un ceffone, una sberla diritta in faccia per farle passare la voglia di ridere. Lei è indietreggiata, ha battuto contro il mobile ed è caduta a terra. Ricordo che con la mano ha toccato la catenina, forse in quel momento si è sfilato il ciondolo. L'ha trovato Susanna il lunedì dopo quando è venuta a fare le pulizie e ha passato l'aspirapolvere. L'ho tenuto perché pensavo di restituirglielo quando l'avessi vista, ma, come sai..."

"E poi cosa è successo?"

"Niente, Alida se n'è andata."

"Stava bene?"

"Certo che stava bene. Per un ceffone non è mai morto nessuno, cosa credi? Tu pensi che l'abbia ammazzata e che ne abbia seppellito il corpo da qualche parte o magari fatto a pezzi?"

Martina non aveva detto niente: sì, forse era quello che aveva pensato quando aveva trovato il ciondolo, adesso però...

"Comunque non è così, e se ci pensi non può esserlo. C'era in casa Fabio, non ricordi?"

Già, il marito che forse aveva sentito la lite...

"Sei soddisfatta adesso?" chiese Emma.

"Sì, abbastanza" rispose lei senza pensarci.

Emma ebbe una reazione imprevista: di nuovo si arrabbiò, in quel modo uterale e furibondo che le faceva venire gli occhi sporgenti, venati di rosso, cattivi.

"Sei una vera stronza. Degna della tua amica. Vattene fuori dai coglioni!"

Martina uscì dalla classe appena suonò la campanella.

Corridoio, sala professori, un saluto rapido alle colleghe che stavano parlando del collegio docenti del pomeriggio.

Oh, cazzo c'è anche quello....

Sulla strada dalla scuola alla stazione accese il cellulare.

Quattro chiamate senza risposta: due volte un numero che non conosceva, una volta Francesco, una volta sua madre. Poi tre messaggi vocali: il primo di Francesco, il secondo della polizia. *La preghiamo di mettersi in contatto con noi appena ascolta questo messaggio. E' urgente.*

Tre quarti d'ora dopo Martina era al commissariato.

Fu ricevuta dal commissario Berruti.

"Sono contento che sia venuta direttamente qui."

"Cosa è successo? Forse avete trovato Alida? E' viva?"

No, dall'espressione corrucciata del suo viso, non è viva. Se l'hanno trovata, è...

"Io ... è sempre difficile dire certe cose."

Ma lo disse:

"Sembra che la mamma della sua amica, Alida, sia scomparsa."

"Scomparsa, anche lei?"

"E' stata vista l'ultima volta dalla vicina. Stava uscendo. Era vestita bene con un tailleur elegante, la vicina ha detto che non succedeva spesso, come «se andasse a un appuntamento importante». Lei la conosceva bene?"

"No. Però avevo parlato con lei circa un mese fa quando avevo deciso di mettermi a ..."

"Sì, ricordo che me lo aveva detto. Quando ho sentito della sua scomparsa ho subito collegato i due nomi. Anche se, naturalmente, abbiamo vagliato anche l'ipotesi di un suicidio. Lei cosa pensa?"

"Suicidio? Non lo so. Era triste e depressa per la scomparsa della figlia, però adesso io le avevo dato una speranza e poi, perché vestirsi bene se voleva andare a uccidersi?"

"Brava signorina. Lei pensa come un poliziotto."

Sono tutti i gialli che ho letto!

"Pensa che io possa aiutarvi?"

"Sì, credo di sì. Voglio che mi racconti tutto quello che la signora Colombi le ha detto e anche ciò che ha scoperto."

Martina uscì dal commissariato tre ore dopo. Aveva raccontato tutto, ma perché le avevano fatto ripetere le cose due o tre volte?

Pensano che menta? Oppure non sono sicuri che ricordi bene o credono che mi piaccia inventare. Mahh...

Era pomeriggio inoltrato.

"Mi raccomando, signorina, adesso stia buona e lasci fare a noi" aveva detto il commissario.

"Sì, seguirò il suo consiglio, signor commissario."

O si dice ispettore, chi lo sa? Però io l'ho chiamato commissario tutto il tempo e lui non mi da detto niente. Sono stanca e, sinceramente, comincio ad avere paura. Se l'assassino volesse fare fuori anche me?

In effetti ci aveva pensato anche il dottor Berruti.

"Forse è meglio che per un po' di tempo non stia da sola. Ha una famiglia o un fidanzato con cui...?"

"Sì, però non ho intenzione di andare da nessuno di loro."

"Io... volentieri la farei proteggere, però credo proprio di non riuscire a giustificare con i miei superiori l'uso di un uomo a questo scopo. Siamo sempre a corto di personale e ... In ogni caso, segua il mio consiglio, per un po' di tempo non dorma a casa sua... "

Ma dove posso andare? Da Francesco, mamma e papà assolutamente no. Piuttosto corro il rischio di "farmi scomparire". Amiche non ne ho. Altre case neanche a parlarne. A mala pena ho trovato la mia.

Quindi, non sapendo dove andare, tornò a casa. Accese il cellulare, trovò dei messaggio di Francesco, uno dei suoi e due chiamate di ... Enrico.

Non è che mi ficco da un guaio all'altro a cuor leggero?

Un'ora dopo era a casa di Enrico, un bilocale appena fuori Milano in un palazzone anonimo in un quartiere anonimo. Dalla finestra si scorgeva un giardinetto e un grande supermercato.

"Sì, lo so, fa abbastanza schifo" stava dicendo Enrico. Martina non disse niente. Si sedette.

"Hai la faccia stanca."

"*Sono* stanca."

"Non mi vuoi raccontare quello che ti sta succedendo? Io non ti conosco, però forse posso aiutarti, almeno psicologicamente."

"Non lo so, è talmente complicato e io..."

"Non hai voglia."

"Non adesso. Scusa, so che sono veramente sfacciata. Ci conosciamo appena e io ti chiedo di ospitarmi a casa tua senza darti alcuna spiegazione. Però una cosa te la posso assicurare: non c'è nessuno che mi perseguita, cioè non un fidanzato geloso, o almeno non è lui il mio problema. Intendo dire che non corri il rischio di essere picchiato e che..."

"No, non ti devi preoccupare" rispose lui con tono rassicurante.

"Ascolta, ti prometto che domani ti racconto tutto."

"Domani lavoro, esco presto, il mio turno comincia alle sette."

"Allora quando torni."

"Vuoi cenare adesso?"

Cenare, porca miseria, adesso nuovi problemi.

"Che faccia spaventata! Ok, niente cena, o meglio, la cucina è tua disposizione. Prendi quello che vuoi. Io mangio gli avanzi di mezzogiorno."

Martina trovò dei cracker e un pacchetto di formaggio da spalmare. Completò con una tazza di tisana al tiglio.

"E' lì da almeno un anno, il regalo della nonna. Ti piace?"

"Sì, è buona. Io bevo tante tisane."

Enrico dormì sul divano nel salotto- cucina, a lei lasciò il letto nella sua camera.

Lei ringraziò e si sdraiò. Le sembrava di essere stanchissima, in realtà rimase sveglia a lungo fissando i due quadri appesi alla parete. Due quadri strani, belli, con grandi macchie di colore che, a osservarle bene, sembravano donne obese con lunghi capelli sciolti.

Di notte si svegliò improvvisamente. Era stata svegliata da un rumore o qualcuno era entrato nella stanza?

In tre secondi era sveglia e lucida, quello era il vantaggio di aver un sonno da carta velina.

E se questo Enrico fosse un maniaco e venisse a stuprarmi?

Ma nella stanza non c'era nessuno. Uscì in punta di piedi, il divano - letto nel salotto era vuoto. Nell'angolo cucina vide Enrico che beveva da un cartone di latte.

"Mi dispiace, ti ho svegliato. Ho cercato di fare più piano possibile."

Martina diede un'occhiata all'orologio: le quattro e quaranta.

"Ho spesso problemi di insonnia. Non riesco ad addormentarmi o mi sveglio troppo presto. Dai, torna a letto. Vuoi bere qualcosa?"

"No, cioè sì. Un bicchiere d'acqua. Aspetta, lo prendo io."

Versò un bicchierone dalla bottiglia che stava sul tavolo.

"Io torno a letto e tu?" chiese Martina.

"Non lo so."

"Senti... non è che sono io che ti disturbo? So che è una seccatura, io a casa mia non ho mai fatto dormire nessuno, neppure il mio fidanzato, cioè il mio ex."

"Tieni molto alla privacy."

"Diciamo così. Deve essere perché ho una specie di nausea della vita familiare. Mamma papà, cosa hai fatto dove sei andata, perché sei allegra perché sei triste... un incubo. Detto così sembra una stupidata, ma ti assicuro che ...."

"No, ti capisco. Anche se abito da solo da parecchio tempo e questi problemi sono preistoria per me."

"Comunque non ti preoccupare, non rimango più di tre quattro giorni. O sono già troppi?"

"No, assolutamente. Piuttosto... pensi che in questi giorni la faccenda si risolverà?"

"La faccenda? No, risolversi no, però..."

Cosa penso che possa cambiare in tre o quattro giorni? La polizia troverà qualcosa? E' la mia unica speranza.

Enrico la guardava come in attesa. E fu allora che Martina decise di raccontargli tutto.

Capitolo 17

Quando arrivò a scuola, era stordita e assonnata.

Non era ancora entrata in classe che la commessa le disse che la vicepreside le voleva parlare.

Che cosa può volere, accidenti? Oh Dio sì, il collegio docenti di ieri... Me ne sono completamente scordata.

La vicepreside era una donna sui cinquant'anni; portava gli occhiali, aveva il naso leggermente adunco e il collo avvizzito. A Martina non era per niente simpatica. Come immaginava, le chiese la ragione della sua assenza al collegio. Poiché Martina esitava a parlare, lei incalzò:

"Sa che un'assenza ingiustificata al collegio le può fare avere una lettera di richiamo?"

"Veramente la mia assenza è giustificata. Cioè... c'è una valida ragione per cui non sono venuta."

La vicepreside stirò la bocca fino a ridurla a una linea sottile.

Com'è brutta 'sta donna, brutta e malvagia, una vera strega!

"Sono stata convocata al commissariato di Via Fatebenefratelli e sono rimasta là fino alle sei di pomeriggio."

Ah, guarda come si scompone. Credeva che le raccontassi qualche storia lacrimevole di un nonno morto o di un genitore malato. Questa non se l'aspettava!

"Al commissariato?" le fece eco.

"Sì, se vuole posso portarle o farle mandare il giustificativo."

La strega muore dalla voglia di sapere che cosa ci facevo al commissariato, magari pensa che sia imputata di qualcosa. Quasi quasi le racconto che sono accusata di aver ammazzato tutta la mia famiglia. Ma no, potrebbe venirle un accidente.

"Una mia amica è scomparsa, probabilmente morta. Non solo... potrei essere io stessa in pericolo."

"Oh Signore!"

La megera è proprio spaventata.

La bocca atteggiata a uno starnazzo che non veniva, la fissava come se la vedesse per la prima volta.

"Adesso vado in classe. I ragazzi mi aspettano" concluse Martina.

"Oh, sì, Martina" disse quella tutta raddolcita.

Da quando mi chiama per nome?

"Vada vada" concluse.

Il commissario le aveva detto di non interessarsi più di questa storia, ma non poteva adesso, di punto in bianco, dimenticare tutto e fare come se nulla fosse. La madre di Alida era scomparsa forse proprio a causa sua. E ora, più che mai, si sentiva in dovere di trovare il colpevole o i colpevoli.

Ne aveva parlato con Enrico.

"Pensi che sia stata uccisa?" aveva chiesto lui.

"Sì, purtroppo sì, anzi ne sono quasi sicura."

"E hai idea di chi può essere stato?.."

"Sinceramente il primo che mi è venuto in mente è Fabrizio, uno così, secondo me, sarebbe capace di qualsiasi cosa, però poi ho pensato che non entra nella ricostruzione della scomparsa di Alida. Dopo tutto lei era effettivamente viva quando è uscita da casa sua, tant'è vero che è andata da Emma. Non riesco a immaginare che lui l'abbia seguita, oppure aspettata fuori da casa la mattina dopo."

"A meno che avesse un qualche conto in sospeso."

"Sì, ma perché allora non risolvere la cosa prima quando era a casa?"

"Perché aveva dei testimoni."

"Ma la Baracca è enorme, avrebbe potuto portarla in una qualche camera e ... Insomma Fabrizio secondo me alla fin fine non c'entra."

"Cosa mi dici di Emma?"

"Ho pensato anche a lei. Dopo che le ho parlato, potrebbe avere dato appuntamento alla madre di Alida, con una qualche scusa, sai, da donna a donna è più facile e poi..."

"Poi non so... non riesco a immaginare come o cosa sia accaduto."

"Qualche altro sospetto?"

"Sì, il marito di Emma, doveva essere lui l'amante dell'ultima ora di Alida. Forse qualcosa più di un amante, visto che per la prima volta nella loro vita lui qualche giorno prima, aveva parlato a Emma di separazione."

"E' credibile... ma perché lui l'avrebbe uccisa? E quando, dove?"

"Troppe domande senza risposta, vero? Quello che penso è che dopo che Alida è uscita di casa, lui l'abbia seguita. In quella casa ci sono due entrate, come due appartamenti in uno, quindi sarebbe potuto uscire senza essere visto. L'ha raggiunta, sono andati da qualche parte, forse hanno avuto un diverbio, forse... senti, non lo so... Sono soltanto ipotesi."

"Ma ed Emma? Pensi che non si sia accorta che il marito era uscito?"

"Forse sì, ma potrebbe non avermelo detto per proteggerlo. Lui, traditore o no, come Emma mi ha ripetuto almeno dieci volte, le dà una comoda copertura economica."

"Costruisci tutto alla perfezione, eh?"

"No, cerco di intuire, ma sono soltanto ipotesi, campate per aria..."

"Non hai detto niente riguardo alla madre di Alida..."

"Potrebbe averle dato appuntamento da qualche parte. Con questo si spiegherebbe il vestito elegante. Tanto più che lui è un uomo famoso."

"Ma sai che sei brava? Potresti scrivere romanzi gialli."

"Non prendermi in giro, please."

"No, dico sul serio. Però una cosa non mi hai detto. Perché hai preso così a cuore tutta questa faccenda? Insomma capisco che tu fossi molto amica di questa Alida, ma in fondo erano anni che non vi frequentavate."

"Perché ne ero perdutamente innamorata" rispose lei con naturalezza.

Lui era rimasto in silenzio, poi aveva tirato fuori la domanda, classica, che del resto Martina di aspettava.

"Sei gay?"

"Gay dici? Credevo che si usasse soltanto per parlare di omessessuali maschi. No, non credo, gli uomini in genere mi piacciono più delle donne. Almeno fisicamente. Ma Alida era una cosa speciale. A volte ci sono cose o persone speciali, cose o persone che segnano la vita. Non nell'esistenza di tutti, ma nella mia sì, e questa persona è stata Alida. Vedi, in un certo senso, sento di doverle qualcosa."

Tacque un secondo poi aggiunse:

"Domani vado a casa di Alida."

"Perché?"

"Forse in quell'appartamento c'è qualche indizio."

"Pensi che sia stata uccisa lì?"

"No, la polizia l'avrebbe capito. Ma il commissario mi ha detto che i cassetti erano sottosopra. Non sapeva se fosse perché qualcuno ha frugato oppure perché erano semplicemente in disordine. Io propendo per la prima ipotesi. Vorrei capire che cosa stavano cercando."

"Ti accompagno."

"Ma devi lavorare. E poi tu in questa storia non ci devi entrare, può essere pericoloso."

"Non m'importa, anzi... "

"Anzi che?"

"La mia vita è un tran tran, un po' di brivido non mi fa male. Ma adesso che ci penso non credi che sarà difficile accedere in casa di Alida?"

"Non credo, mi pare che la porta di ingresso fosse uno di quei cancelletti che si chiudono con lo scatto. Sai quali intendo?"

"Sì, in questo caso non dovrebbe essere troppo difficile da aprire, giusto?"

"Giusto."

"Porto con me qualche attrezzo da ... ladro. Ho sempre sognato di fare il ladro."

"Veramente?"

"No, i miei sogni sono più banali. E comunque sai che commettiamo un reato entrando in un appartamento?"

"Certo che lo so."

"Non potresti parlare con il tuo commissario e chiedergli se...?"

"Potrei, però so già cosa mi risponde. Mi dirà che io di questo caso non mi devo più interessare, che è cosa che ormai riguarda la polizia e poi mi chiederebbe cosa cerco e io non lo so."

"Capisco. Dai, proviamo lo stesso, magari quando fa buio e non c'è tanta gente in giro."

"In quel posto non c'è mai tanta gente in giro, se non delinquenti."

"Guarda che io in quel posto, cioè al quartiere Gallaretese sono nato e vissuto per ben vent'anni."

"Ah, scusami. Devo dire che sei venuto su bene."

"Non è così terribile come sembra."

"Cosa c'è? Sembri offeso."

"Ma no, scherzi?" Le aveva dato un buffetto sulla guancia, primo contatto fisico che avessero avuto fino a quel momento.

E a Martina non era dispiaciuto.

Capitolo 18

Venti e trenta, nel palazzo risuonavano i rumori echeggianti di decine di televisori accesi. Martina aveva scelto quell'ora di proposito.

Stanno mangiando o comunque dopo cena si appostano alla tivvu, non se ne vanno in giro.

Aveva visto giusto: intorno alla casa non c'era un'anima.

Il cancello d'entrata era chiuso, ma fu sufficiente schiacciare un tasto qualsiasi del citofono. Martina disse che doveva mettere dei campioncini di crema nelle casella della posta.

Quando offri cose gratis ti spalancano qualsiasi porta...

Il portone si aprì subito e i due salirono in ascensore fino al settimo piano.

Come avevano previsto, la porta consisteva in un portoncino di vetro che Enrico riuscì ad aprire con uno dei suoi "attrezzi" senza grande difficoltà.

L'interno era buio, le tapparelle abbassate. Enrico passò a Martina una delle due torce che aveva portato con sé. Lei era già stata in quella casa e riusciva a orientarsi bene, del resto era molto piccola: il cucinotto, in cui non entrarono neppure, il salottino con il tavolo e la credenza, la camera della madre e quella di Alida.

Dirigendo il fascio di luce della torcia ora su questo ora su quell'oggetto, Martina osservava ogni cosa. Guardò in qualche cassetto. Poi, come presa da un'improvvisa ispirazione, si diede a cercare con foga.

"Cosa cerchi? Forse ti posso aiutare" disse Enrico.

"Un album di fotografie. Doveva essere qui. Ho visto la madre di Alida che lo metteva in questo cassetto. Però il cassetto è completamente vuoto."

"Non pensi che l'abbia preso la polizia?"

"No, non credo. Il commissario non me ne ha parlato e poi perché avrebbero dovuto prenderlo?"

"Non lo so. Vuoi vedere qualcosa d'altro?"

"Vado un momento in camera di Alida."

La camera di Alida era come la ricordava, la camera di una ragazza rimasta adolescente senza grande personalità: poster alle pareti, letto, armadio in legno laccato, una scrivania con qualche quaderno e dei fogli, un vecchio pc, pochi libri. Sembrava tutto in perfetto ordine.

Martina non frugò da nessuna parte.

Credo che qui non ci sia niente di interessante. Non so neppure io perché ho voluto vedere la stanza. Forse solo perché mi ricorda lei.

"Tu pensi che fosse proprio l'album di fotografie che stavano cercando?" le chiese Enrico mentre si avviavano verso la macchina parcheggiata in una stradina piena di cartacce.

"Quello e forse altro. Non lo so. Ma sicuramente hanno portato via l'album."

Breve pausa, come di suspense. Per una frase a effetto sorpresa:

"Una mossa inutile però, perché pensa un po', anch'io ho l'album!"

"Anche tu hai l'album?"

Enrico, che stava aprendo la macchina, rimase con la chiave in mano.

"Quando sono andata a trovarla, la mamma di Alida mi ha dato un album di fotografie dicendo che era praticamente un doppione di quello che aveva lei. "

Martina continuava a sorridere soddisfatta, ma non sembrava che Enrico fosse altrettanto contento.

"E se l'assassino lo sapesse?"

"Che cosa? che io ho l'album? E come farebbe a saperlo?"

"Non lo so. Potrebbe essere stata Alida a dirglielo o la stessa madre. E se sa che tu sei andata a trovarla..."

"Non ci avevo pensato. Senti, mi accompagni a casa mia? Devo prendere delle cose che mi servono. "

"Va bene."

Enrico guardò di sfuggita l'orologio, un gesto che non sfuggì alla ragazza.

"Dimmi se non ti va, mi dispiace, cavolo, ti sto sequestrando."

"Lascia stare, ti ho detto che non è un problema. E te lo ripeto: non è un problema."

C'era poco traffico a quell'ora in città. Non erano ancora le dieci quando arrivarono sotto la casa di Martina.

"Salgo con te?"

"Se vuoi."

Erano al portone quando Martina si vide venire incontro una persona che ben conosceva: Francesco.

E' arrabbiato, anzi furibondo. Non l'ho mai visto così. Cosa gli è successo?

Guardava minaccioso vicendevolmente lei ed Enrico.

"Sei una stronza, mi avevi detto che non stavi insieme a nessuno."

"Ed è vero, non stiamo insieme."

"Non state insieme, ma *dormite* insieme."

"Cosa vuoi dire?"

"Che se non dormi a casa tua e neppure a casa dai tuoi, da qualche parte devi pure stare."

"Cosa cazzo fai? Mi sorvegli?"

Toccami sulla libertà e divento aggressiva. Ma che faccia cattiva ha Francesco! Ed è colpa mia. L'ho trattato veramente male e non lo considero proprio. In fondo non ha fatto niente per meritarsi tutto questo.

"Vuoi salire?" chiese Martina con voce se non proprio dolce, assolutamente tranquilla.

Francesco la guardò sconcertato.

"Ti devo spiegare, ti voglio spiegare. Vieni anche tu Enrico!"

Occhiataccia di Francesco.

"Lui non c'entra niente" aggiunse Martina.

In casa, seduti comodamente davanti a una tazza di tè all'arancia, raccontò gli ultimi sviluppi della vicenda.

"Ma perché non hai più chiesto il mio aiuto?"

"Per il tuo atteggiamento iperprotettivo. Mi avresti impedito di fare alcunché. L'ultima volta quando ti ho raccontato, mi hai rimproverato per un'ora..."

"Ma almeno potevi venire da me a dormire invece che..."

Fece un gesto indefinito diretto a Enrico.

Martina aveva la risposta pronta anche in questo caso:

"Perché tu stai da mammina. E io con te e mammina non voglio stare, lo sai bene. Non riesco neppure a stare con la mia."

Francesco annuì. Capiva.

"E adesso" chiese "cosa hai intenzione di fare?"

"Adesso ci sono le fotografie."

Nell'album di fotografie che Martina teneva in bella vista su uno scaffale della libreria c'erano una trentina di fotografie.

"Se è per questo che la mamma di Alida è scomparsa, voglio osservarle una a una e trovare quella che può aver causato la sua scomparsa. A costo di stare qui tutta la notte."

Francesco però sembrava inquieto.

"Mi dispiace Martina, ma io devo andare. La mamma mi aspetta a cena."

Ecco la mamma... Lo starà aspettando in cucina con il grembiulino di cera rossa con l'immagine della Tower of London che lui gli ha portato da Londra e il cucchiaio di legno in mano con cui ha appena girato le sue lasagne al forno grondanti di grasso.

"Martina... io... ci sentiamo, vero?"

Oh, no Francesco, no... Non hai capito che è finita? Mi pare
ti avertelo fatto intendere chiaramente, no?

Martina non disse niente.

"Ti chiamo, ok?" insistette lui.

No, non chiamarmi. Non capisci che fai del male a te
stesso? Non vedi che non sono la donna per te? Tu hai
bisogno di una brava ragazza di quelle che ti preparano la
pastasciutta a pranzo di domenica, pazienti e affettuose,
desiderose di una famiglia, il cui unico vizio è quello di fare
shopping. Lasciami perdere, Francesco! Sotto questo
aspetto da signorina di buona famiglia si nasconde una
sballata. E tu, come mi hai spesso detto, hai orrore delle
sballate.

"Ti chiamo io."

Francesco avrebbe voluto forse aggiungere qualcosa, ma si
vedeva che davanti a Enrico gli mancava il coraggio.

Si chinò verso di lei e le sfiorò le labbra.

"E' innamorato perso" disse Enrico con tono grave.

"Forse."

"E a te non importa nulla."

"Non è vero, mi dispiace."

Enrico sorrise.

"Credo che non sia difficile innamorarsi di te."

"Lo credi veramente o stai facendo il cascamorto?"

"Non lo so."

La maggior parte delle fotografie dell'album gliele aveva già
mostrate la madre di Alida: quasi tutte ritraevano Alida

adulta. In alcune era insieme ad altre persone. Su queste in particolare si appuntò l'attenzione di Martina.

"In questa ci sono io insieme ad Alida. Guarda! Eravamo a Ponte di Legno" disse Martina sorridendo. "Una vacanza fantastica. E qui invece sta insieme a Marco."

Girò la pagina.

"Anche qui, e anche qui e anche..."

"No, aspetta. Qui sta insieme a Marco e a un uomo. Ha una faccia familiare, lo devo avere già visto da qualche parte."

Enrico guardò la fotografia. Erano nel giardino di una casa, sullo sfondo s'intravedeva una striscia di azzurro. In primo piano Alida e Marco, tra loro un uomo.

"E' un bell'uomo, vero? Molto latino. Bruno, occhi chiari, come Marco."

"Bell'uomo no, sembra una scimmia. Però è vero che assomiglia a Marco. Potrebbero essere padre e figlio, vero?"

"Sì, potrebbero."

Martina sembrava totalmente assorbita nella fotografia. Poi chiuse gli occhi. Tornò con la memoria a casa di Emma, le fotografie che aveva visto nel cassetto della camera da letto.

"Ma sì, certo, è lì che l'ho visto."

"Dove?"

"A casa di Emma, ma non di persona, in fotografia. E' il marito di Emma."

"Allora non è il padre di Marco."

"Non è detto. Emma mi ha parlato di un figlio avuto da una moglie precedente."

"Tu pensi che potrebbe essere Marco?"

"Penso di sì."

"Però mi sfugge il legame con la sparizione di Alida e con il delitto."

"Invece c'è, non mi è ancora chiaro, ma c'è e l'assassino pensava che qualcuno avrebbe potuto trovarlo."

"E questo qualcuno sei tu?"

"Chissà..."

"Emma, il suo ex marito, Marco?"

"Ah, non lo so."

Martina manteneva la sua aria assorta.

"Tra le fotografie che ho visto a casa di Emma ce n'erano diverse su uno sfondo simile."

"Cioè?"

"La casa... il mare... il giardino... li ho visti anche in quelle foto."

"Significa che la casa appartiene alla coppia Bertego."

"Forse. Aspetta!"

Martina staccò la foto dall'album e guardò il retro. Un sorriso trionfante le affiorò sul volto.

"Guarda!" disse, porgendo la foto a Marco. A penna sull'angolo superiore era scritto: Lerici, casa Filomena, aprile 2002.

"A questo punto dovrebbe essere facile da trovare..."

"Perché vuoi andare lì?"

"Non lo so, forse prima dovrei parlare con il signor Bertego."

"E come lo trovi?"

"Con Internet, naturalmente."

"Adesso?"

"Sì, perché?"

"Senza mangiare? Non mangi niente e sei sempre energetica e pimpante. Ma chi sei, la wonderwoman?"

"Non è vero che non mangio niente. E poi non sono energetica, in realtà sono pigra."

"Ho visto come fai sport, sai? Se sei pigra tu..."

Martina sorrise. Sorrideva spesso quando era con Enrico.

"Forse hai ragione, forse non sono pigra, semplicemente non ho grande voglia di fare delle cose, sono... poco vivace."

"Non trovo."

"Oh, insomma, non siamo proprio d'accordo su niente! Lasciamo perdere, non mi va di parlare di me, l'ho fatto per anni con una psicologa e tutt'ora non ci capisco niente."

"Ci vai ancora? Dalla psicologa, intendo?"

"No, dopo anni ho scoperto che non sopporto le psicologhe. Alle psicologhe interessa portarti al benessere, alla felicità, all'equilibrio e credo che a me non importa niente di tutto questo. Ho cominciato la terapia perché stavo per lasciarmi morire di fame. Adesso va bene così."

Enrico avrebbe voluto continuare il discorso, ma capì che non era il momento. Del resto Martina si era appostata al computer e smanettava da esperta. Lui le si avvicinò con la sedia.

"Hai trovato qualcosa?

"Sì, tantissimo. Qui ci sono pagine e pagine dedicate a lui, addirittura un profilo dell'uomo con il suo curriculum di studi, carriera, interviste. Stampo e me le leggo stanotte. Però prima voglio vedere cosa c'è su Marco."

Il suo nome compariva in connessione con una grossa azienda con sede a Milano. Era nel team dirigenziale.

"Il tuo amico ha fatto carriera alla svelta" commentò Enrico mentre Martina raccoglieva i fogli che uscivano dalla stampante.

"Già" fece lei "e pensare che al liceo non era niente di eccezionale."

"La gente cambia."

"La gente cambia? Sì, ma quanto?"

Aveva letto da qualche parte che il quoziente di intelligenza di una persona rimane praticamente immutato dagli otto, nove anni in poi. Una disgrazia o una fortuna. Marco non era uno particolarmente intelligente. Quando studiavano insieme, in qualsiasi materia era lei che capiva per prima le cose, lei che sapeva sintetizzare meglio, lei che dimostrava maggiore precisione. Marco riusciva perché era scrupoloso, non mancava una lezione, non era mai impreparato. Ma quanto contavano in effetti intelligenza e brillantezza intellettuale nel lavoro?

Soprattutto se si ha un padre (anche se nascosto) ricco e potente?

"Stai pensando a Marco?"

"Sì."

"Ti stai chiedendo se può c'entrare qualcosa in tutta questa faccenda?"

"No, però è una domanda lecita."

Tornarono a casa di Enrico. Martina portava con sé una borsa con un cambio di vestiti e l'album di fotografie. Erano le undici di sera; per le strade qualche macchina decappottabile con giovani sorridenti e uno stuolo di motorini che percorrevano vie guarnite di automobili in sosta producendo un rumore assordante.

"E' giugno, sentono il caldo e sono felici" commentò Enrico.

Sono degli idioti e mi stanno sullo stomaco. Meglio che mi tenga per me i miei commenti. Enrico penserebbe che sono peggio di una di quelle vecchie che parlano sempre male di tutto e di tutti. Di quelle che sembrano aver subito degli enormi torti dalla vita.

Enrico non poté fare a meno di guardarla mentre scendeva dalla macchina. Le gambe lunghe e snelle, la bocca leggermente imbronciata, la curva dei fianchi appena accennata da ragazzina.

"Forse mi sto innamorando?"

Capitolo 19

Approcciarlo raccontando una balla oppure dire la verità?
Martina optò per questa seconda possibilità. *Il peggio che
mi possa capitare è che mi mandi a quel paese.*
Alle nove di mattina Martina era davanti all'ufficio del
signor Bertego.
Aveva deciso di sfruttare così il suo giorno libero a
scuola: dedicandolo cioè alla "indagine". Aveva fatto
colazione con le solite tre gallette di riso con marmellata
di more e un litro di tè. Si era lasciata anche andare a
due biscotti al cioccolato tipo wafer, piccoli, ma
ipercalorici. Enrico non le diceva niente a proposito del
cibo, neppure il più piccolo commento o rimprovero e
questo la faceva sentire libera, come mai era stata con
Francesco.
Non solo Enrico le piaceva, ma risvegliava in lei istinti
che le erano sembrati per anni completamente (o quasi)
sopiti. Le faceva venire voglia di fare l'amore. Un
desiderio vago e volubile, ma pur sempre un desiderio.
Il signor Bertego, ex marito di Emma, ex calciatore, ora
proprietario di una grossa società... Enrico aveva detto
che era un "bell'uomo". Martina non era d'accordo: non
era brutto, ma neppure bello e con quella faccia
vagamente scimmiesca con la fronte bassa e le
sopracciglia folte. *Uno di quelli che partecipano ai reality
show e che sembrano tanto virili. E pensare che è
completamente diverso da quello che ho sempre pensato*

essere il vero padre di Marco: un uomo gentile e gradevole, con la barbetta grigia che lo faceva tanto "uomo distinto d'altri tempi". *Mi parlava sempre delle sue vacanze in barca in cui portava anche Marco, che aveva fatto anche la scuola velica di Caprera. Una tappa obbligata per la gioventù della Milano bene. Sembrava che Marco andasse d'accordo con lui, come del resto andava d'accordo con tutti. Almeno apparentemente. E questo ex- calciatore, invece? Chissà se Alida si era innamorata veramente di lui? O se, per l'ennesima volta, vedeva in lui solamente l'uomo con cui realizzare il suo sogno di ricchezza?*

Martina si sentiva a disagio: con indosso un jeans stinto e una maglietta spiegazzata (d'altra parte a casa di Enrico aveva potuto portare ben pochi abiti!) si sentiva inappropriata ad affrontare l'ambiente d'ufficio come lo immaginava lei: un mondo di donne in tailleur con messinpieghe accurate, scarpe a mezzo tacco, sederi larghi e piatti e di uomini in giacca e cravatta con la camicia bianca gonfiata dalla pancia in rilievo.

Non poté però verificare le sue ipotesi perché fu bloccata all'ingresso. Una specie di portiere incravattato le chiese che cosa volesse.

"Vorrei parlare con il dottor Bertego" disse lei.

"Il dottore non c'è, signorina" replicò quello compunto.

"Oggi?"

"No, da mesi è all'estero. Però può parlare con la sua segretaria se lo desidera."

Un attimo di esitazione. Poteva essere utile parlare con la segretaria? Probabilmente no, però visto che era lì...

"Sì, grazie."

"Vediamo se è libera. Attenda qui"

Cinque minuti e apparve la segretaria. Alta più o meno come Martina e magra come lei, si dimostrò all'inizio piuttosto ostile. *Forse pensa che sia un'amante tradita che cerca di mettersi in contatto con il capo?*

Quando Martina disse che lo doveva contattare per ragioni di famiglia, la segretaria cambiò completamente atteggiamento e si fece sorridente, cordiale, quasi spiritosa.

"Se è una cosa urgente, le posso dare la sua mail. Ricordi comunque che si tratterrà in Cina per altri sei mesi almeno. "

In Cina, accidenti!, proprio dietro l'angolo...

Su un foglietto apparsole magicamente tra le mani, scrisse veloce l'indirizzo che consegnò a Martina.

"Cosa sta facendo in Cina? Non voglio essere indiscreta, lo chiedo così per curiosità..."

"Non è certo un segreto! Hanno aperto una grossa fabbrica a nord, vicino a Piciqualcosa... ah, quel nome non lo ricordo mai. Il dottore è voluto andare personalmente. In effetti ha stupito tutti perché si sa che al dottore non piace un granché viaggiare. Però bisogna dire che questo è un grosso progetto e si capisce che voglia seguirlo da vicino."

"E da quanto è in Cina?"

"Da parecchio. Da subito dopo l'estate."

Da quando Alida è scomparsa.

"Qui tutti si è pensato che sia stato anche per la separazione dalla moglie."

"Già, sono sempre momenti difficili" recitò Martina.

"Tu sei sposata?"

E' passata al tu.

"No, vivo da sola."

"Anch'io." Accompagnò quest'ultima affermazione con un gran sorriso.

E' un sorriso allusivo, ambiguo, significa...? Mah, credo che sia meglio non approfondire.

Martina si congedò.

"Senti, se hai bisogno di qualcosa, dammi pure un colpo di telefono" disse lei infilandole in mano un biglietto da visita con numero di casa, ufficio e cellulare.

Ma non è che voglia qualcosa da me? Amicizia, o forse... qualcosa di più?

Da quando era cominciata la sua indagine su Alida, era diventata più percettiva rispetto al mondo esterno. Per mesi, forse anni, era come se avesse vissuto in un camion blindato. Non esattamente ostile, ma assolutamente indifferente a ciò che le accadeva intorno.

E adesso? Gli scriverò? Ma che cosa? E in che modo? Ci penso a casa con calma.

A casa mia o a casa di Enrico? Corro effettivamente dei rischi? Ne ho mai corsi?

Era sulla 50 che la stava portando verso il centro città.
Scese a una fermata, presa da una decisione improvvisa:
sarebbe andata in questura a parlare con il
commissario.

Era impegnato, ma uscì lo stesso dall'ufficio per "dirle
due parole".

"Mi rincresce disturbarla, però sui giornali non ho letto
più niente riguardo alla scomparsa della signora
Colombi" aveva detto Martina.

"Stiamo tenendo la faccenda il più riservata possibile,
ultimamente con la stampa è diventata una cosa
impossibile. I giornalisti si infiltrano dappertutto, ti
aspettano sotto casa tempestandoti di domande,
un'autentica persecuzione... Scusi, non è questo il
momento per le lamentele. Lei mi chiede se abbiamo
novità, no nessuna. Impronte digitali, sembra che non ne
abbiano lasciate e non abbiamo trovato nessun elemento
di ..."

Fu interrotto da un poliziotto che, apparso
improvvisamente alle sue spalle, gli sussurrava qualcosa
in un orecchio:

"Mi scusi, signorina, devo andare" si congedò lui,
tendendole la mano. "Mi chiami comunque."

Era già alla porta quando Martina fece la domanda che le
stava a cuore:

"Lei pensa che io sia ancora in pericolo?"

Lui si era voltato verso di lei.

"E' sempre meglio prestare attenzione con un morto o forse due in ballo" disse frettolosamente.

Un morto o forse due in ballo, che espressione assurda... e poi cosa significa "prestare attenzione"?

Il commissario parlò ancora, come se avesse sentito il commento non espresso di Martina.

"Il mio consiglio è sempre lo stesso, signorina, lasci stare le sue indagini personali. Non solo non concluderà niente, ma metterà in pericolo la sua vita e ... quella degli altri."

Alzò la mano in un gesto di saluto che le ricordò il tenente Colombo e scomparve dietro la porta.

Probabilmente aveva ragione. Se non fosse andata a casa della madre di Alida, il suo nome non sarebbe andato a ingrossare le fila della lunga lista delle "persone scomparse". Una cosa era certa: non aveva alcuna intenzione di smettere di cercare. Avrebbe continuato fino a quando fosse stato possibile.

Probabilmente prima o poi arriverò a un punto morto, ma fino a quel momento...

Prese la metropolitana e scese alla fermata vicino a casa sua. *Vado a casa e ci sto di giorno, di notte vado a dormire da Enrico, finché non si scoccia e non mi butta fuori.*

Era arrivata sotto casa sua, una strada abbastanza tranquilla, a parte che nelle ore di punta. Semaforo verde, strisce pedonali, Martina era quasi in mezzo quando una macchina sbucata da chissà dove passò a tutta velocità. La ragazza si buttò indietro, cadde sulla schiena, le gambe all'aria, la borsa rovesciata. La macchina intanto era scomparsa in una via laterale.

Martina sentì gli insulti gridati da un uomo anziano che stava sul lato opposto della strada in bicicletta: "Disgraziato, delinquente..." e poi vide due persone accanto a lei: "Si è fatta male?" "Forse dovremmo chiamare un'ambulanza."

Non sapeva cosa dire. Pur intontita dal colpo, riuscì a mettersi in piedi praticamente subito. Aveva battuto il gomito, la schiena, il sedere, ma non si era fatta male.

"Credo di non essermi fatta niente" disse.

"Quello è un criminale, glielo dico io, bisognerebbe dare la pena di morte a certa gente" stava borbottando la signora che intanto l'aiutava a recuperare gli oggetti che le erano scivolati dalla borsa.

Quando Martina si girò, vide che in strada si era formata una fila di macchine da cui proveniva un coro di clacsonate.

"E' meglio che ci togliamo da qui" disse.

La gente a Milano è sempre troppo occupata per badare alle faccende altrui.

"Ma li lasci strombazzare..." ribatté la signora. "Piuttosto come sta? E' sicura di non volere un'autoambulanza?"

"Sicura sicura."

Martina mosse qualche passo. Sentiva dei dolorini qua e là, ma riusciva a camminare.

"Sto bene" aggiunse.

L'uomo anziano che era stato testimone del suo incidente stava montando in bicicletta. Prima che se ne andasse Martina gli chiese:

"Ha visto per caso chi era alla guida?"

"No, mi dispiace, è arrivata così, all'improvviso..."

"Non saprebbe neppure dire che macchina era?"

"No, l'ho vista soltanto di sfuggita."

Ma un ragazzino che Martina non aveva neppure notato intervenne:

"L'ho vista io, io di macchine me ne intendo. Era una bmw nuova nuova. Però la targa non l'ho vista, andava troppo veloce."

Martina arrivò sotto il portone di casa, ma non salì.

Adesso aveva paura.

Capitolo 20

A mezzogiorno era a casa di Enrico. Si preparò
un'insalata che aveva comprato nel supermercatino
vicino. Aveva anche acquistato due bistecche per lui per
la sera.

Ancora stordita dall'accaduto, cercava di pensare.

Chiunque fosse su quella macchina voleva investirmi.
L'intenzione era senz'altro di uccidermi. Quindi sa che io
sto indagando e non gradisce. Ergo: sono in pericolo.

Involontariamente gettò uno sguardo alla porta
dell'appartamento come se temesse che, da un momento
all'altro, si spalancasse, e comparisse sulla soglia
l'assassino. *Assassino*, quella parola, la prima che le era
venuta in mente, le fece venire i brividi.

Ma sono veramente in pericolo anche qui in casa di
Enrico? No, non credo che l'assassino sappia che sono qui.
Senz'altro sa che non ho dormito a casa mia, ma non può
conoscere questo indirizzo. A meno che... non mi abbia
seguito.

Di nuovo un brivido. Le gambe le tremarono leggermente.
Prese il pane dal sacchetto. Nel supermercatino non
aveva trovato i cracker che mangiava di solito, quelli da
30 calorie a pezzo. Aveva dovuto comprare del pane.
Prese il coltello.

Ne taglio due fette così sottili che peseranno poco più dei
cracker.

Armeggiando con il coltello, si fece un taglio al dito. Era piccolo, ma sanguinava parecchio. Lo avvolse in un fazzoletto di carta, poi andò nel minuscolo bagno a cercare qualcosa per medicarsi, però non trovò niente. Passò nella camera di Enrico.

Forse qui c'è qualcosa. Almeno un fazzoletto per coprire la ferita...

Aprì tutti i cassetti, uno dopo l'altro, frugando con la mano destra in modo cauto per non metterli in disordine. Soltanto nell'ultimo trovò quello che cercava: alcuni grossi fazzoletti da uomo vecchio stile, forse un regalo della mamma. Stava per richiudere il cassetto quando vide qualcosa che attirò la sua attenzione. Era sotto il cumulo di biancheria proprio sul fondo. Era l'angolo di una fotografia, una grande fotografia dai colori nitidi. Ritraeva una persona, una giovane donna dal viso fresco e infantile. Alida.

Il primo pensiero di Martina fu di scappare.

Scappare, ma dove? A casa? E se lì mi aspetta l'assassino? E se invece l'assassino fosse... No, non può essere lui. Abbiamo dormito nello stesso appartamento per diverse notti, se avesse voluto, avrebbe potuto uccidermi. Dopo tutto nessuno sapeva che io stavo da lui. Ma perché mi ha mentito allora? Perché mi ha detto che conosceva Alida appena e invece... Una fotografia però non significa niente. No, non è vero, significa abbastanza da suggerire che per lui non era una semplice conoscente. Forse stavano insieme, forse...

Quando, qualche minuto dopo, la porta
dell'appartamento si aprì ed entrò Enrico, trovò Martina
seduta sulla poltrona del piccolo salotto, la mano fasciata
dal fazzoletto bianco e lei stessa bianca come un cencio
che lo fissava.

"Martina, cosa è successo?" gridò lui allarmato.

"Niente di terribile, non ti preoccupare" la voce della
ragazza suonava fredda quasi metallica.

Lui accennò alla mano.

"Un taglietto" disse lei.

Poi vedendo la porta alle spalle di Enrico aperta,
aggiunse:

"Chiudi la porta, per favore."

"Hai paura?" E a lei parve di cogliere nella sua voce una
nota ironica.

"Già" ribatté Martina acida "anche perché oggi hanno
tentato di investirmi."

"Investirti?"

"Investirmi."

"E come?"

"Non ho voglia di parlarne."

"Che cosa vuole dire «non ho voglia di parlarne»?"

"Vorrei parlare di un'altra cosa invece."

"Cioè?"

Martina fece qualche passo verso il tavolo della cucina su
cui aveva messo la foto. La prese in mano mostrandola.

"Vorrei parlare di questa."

"Dove l'hai trovata?"

"Nel tuo cassetto, stavo cercando qualcosa per fasciare il mio dito."

"Non è come pensi."

"Non hai nient'altro da dire? «La conoscevo appena, non posso dirti niente, per me era praticamente una sconosciuta...» perché mi hai raccontato tutte queste balle?"

"Non erano balle. Cioè solo in parte."

"Spiega allora."

"Quando ho cominciato a lavorare nel club, Alida è stata molto gentile con me. Mi ha aiutato a orientarmi, mi ha dato dei consigli preziosi su come comportarmi con i soci e con i colleghi. Siamo usciti insieme un paio di volte. L'ho invitata anche qui. «Non andrei mai a casa di un uomo se non avessi intenzione di farci delle cose» mi ha detto. «Ma di te mi fido. Sei un amico.»"

"Ti considerava un amico?"

"Una specie perché non ci conoscevamo bene. Credo che intendesse amico come «non amante», purtroppo."

"A te piaceva?"

"Molto. Fisicamente intendo. Ma so che non avrei mai potuto andare d'accordo con lei in un rapporto vero."

"Perché?"

"Perché... perché lei intendeva la vita come... Ma dai, Martina, perché mi vuoi far raccontare queste cose? Dopo tutto lei era una tua amica, la conoscevi meglio di quanto la conoscessi io."

Mi ha convinto? Non del tutto...

"Per quale ragione avevi una sua foto?"

Adesso però, bugiardello, sarai un po' in imbarazzo.

Invece lui rispose con naturalezza.

"Me l'ha data quando è venuta qui quella sera. Era in vena di confidenze e mi ha raccontato che lavorava per un'agenzia di modelle. «Sfili?» le ho chiesto io un po' incredulo perché Alida era molto graziosa, ma non abbastanza alta da fare la modella e poi, secondo me, un po' troppo formosa, almeno rispetto a come si vedono di solito le modelle. E lei si è messa a ridere «Sfilo davanti al teleobbiettivo» ha risposto. «Faccio foto un po' osé per i maialetti.». «Me ne mostri qualcuna?» ho fatto io. Non mi sarebbe dispiaciuto avere una foto «osé» di Alida. Lei ha frugato nella borsetta e poi mi dato questa foto. «Mi dispiace ho solo questa.» Ebbene, l'ho accettata, era comunque molto bella."

"Tutto qui?"

"Tutto qui."

"E perché non me lo hai detto prima?"

"Perché... non so. All'inizio non volevo essere coinvolto. Quando hai cominciato a far domande, beh, non ci conoscevamo e poi quando abbiamo cominciato a frequentarci, non ho mai trovato l'occasione..."

"Ok, e adesso avresti delle cose da dirmi?"

"Non capisco."

"Cose che potrebbero essere utili. Hai detto che Alida con te si confidava."

"Ci ho pensato. Ma credo di no. Non mi ha detto niente che tu non sappia già."

"Di Marco ti ha mai parlato?"

"Mi ha detto soltanto che si erano lasciati e che lui però ogni tanto la cercava. Era venuto anche al club una volta."

"Lo hai visto?"

"Una volta ho visto Alida che parlava con un uomo. Mi ha detto poi: «Vedi quello è il mio ex.» E io ho chiesto: «Cosa voleva?» «Niente, rompere l'anima.»

"Forse era ancora cotto."

Enrico le si avvicinò e le mise le mani sulle spalle guardandola diritta negli occhi.

"Adesso? Sono perdonato?"

"Non lo so" rispose lei, ma non era seria.

"Adesso devo fare le bistecche" aggiunse. "Non hai fame?"

"No, da quando sono con te non ho fame. Forse l'anoressia è contagiosa?"

Alle sei meno un quarto Martina era sveglia. Rimase qualche minuto a letto.

"Non voglio disturbare Enrico. Oggi lavora fino alle undici di sera."

Ma non resistette a lungo sdraiata sotto le coperte. Si sentiva inquieta...

Quasi quasi vado a correre. Prendo la tuta e mi faccio un giro. No, non posso. Se ci fosse "l'assassino" là fuori che mi aspetta? E' un'imprudenza. Correrò in palestra al club,

questo lo posso fare. Adesso mi vesto ed esco subito,
lascio un biglietto a Enrico così non ha di che
preoccuparsi.

Uscendo dalla stanza per andare in bagno incrociò
Enrico.

"Sei già sveglio?"

"Sì, ti dispiace?"

"Per te. So che devi lavorare fino a tardi."

"Mi sono svegliato alle cinque e non sono più riuscito a
riaddormentarmi."

"Accidenti!"

"Non è una tragedia. Sono abituato, del resto. Ti ho detto
che soffro d'insonnia, no?"

"Già."

"Tu non cominci scuola alle nove oggi?"

"Sì, pensavo di andare al club a correre."

"Ah ah. Non fai colazione prima?"

"No, dopo."

"Ti accompagno."

"Ma va', non è il caso."

"Dai, preparati che ti accompagno. Non mi fido a farti
uscire da sola."

"Enrico, ti ringrazio, ma non puoi sorvegliarmi sempre.
Tu devi lavorare e anch'io."

"Quando posso lo faccio."

"Sei un tesoro."

Come mi è sfuggita una parola del genere? Tesoro... Non
l'ho mai detto a nessuno. Neppure ad Alida!

Lui le fece un sorriso dolce.

"Possiamo correre insieme nel parco qui vicino, se vuoi, e poi fare colazione insieme. Non devi avere paura, sei con me."

Fa l'uomo, però non mi dispiace. E in fondo ha ragione:con lui mi sento molto più sicura.

"Sì, va bene. Se hai voglia, vengo volentieri."

Un giro del parco in un'alba di maggio è rigenerante anche in una città come Milano.

Dopo un'ora entrambi tranquilli e rilassati erano seduti a fare colazione.

"Quando mi sono svegliato stamattina ho ripensato alle cose che mi ha detto Alida. E mi sono ricordato di una cosa che mi ha confidato riguardo a Marco. Una volta mi ha detto: «Mi fa paura a volte. Sembra un ragazzo bravo e tranquillo, un'acqua cheta insomma, invece ha degli sbotti da psicopatico.»"

Martina, che stava mangiando con grande lentezza la sua fetta di pane sottile con la marmellata, annuì.

"Non mi stupisce, anche con me Marco aveva svelato il suo lato oscuro. Questo mi conferma ancora di più nella mia decisione di andare a parlare con lui."

"Con Marco? Ma se hai appena detto che è uno psicopatico."

"Ho detto che a volte si comporta da psicopatico e sicuramente non in pubblico. Ho intenzione di andare a trovarlo sul posto di lavoro. Visto che non sono riuscita a parlare con il padre!"

"E cosa pensi di ottenere?"

"Non lo so. Ma ho una specie di piano."

"Quando hai intenzione di andare?"

"Non lo so ancora."

Enrico stese le braccia verso di lei attraverso il tavolo. Martina non si ritrasse. Allungò la mano e lo posò sul braccio di lui. Lo accarezzò con un leggero tocco.

Lui prese la mano nella sua. Stava per dire qualcosa, ma poi tacque. Lei si alzò.

"Devo andare."

"Anch'io."

"Quando mi chiami?

"Questo pomeriggio, va bene?"

"Ok."

Erano in piedi uno davanti all'altro. Enrico con la testa leggermente piegata verso il viso di Martina più piccola di lui. Le diede un bacio lieve sulla bocca.

Martina provò una sensazione di calore e di morbida sensualità.

Lui si girò bruscamente a raccogliere la borsa da terra.

Non fa nient'altro. Un altro mi avrebbe già buttata sul letto. Forse è timido e non osa? O è saggio, sa che questo non è il momento? Oppure teme che io lo respingerei? Non so se abbia capito che mi piace. Ma come avrebbe potuto capirlo? Io non do segnali di desiderio forse neppure di vera simpatia. O no?

Uscirono entrambi; lui l'accompagnò fino alla fermata della metropolitana, un tocco leggero della mano e poi un sussurro nell'orecchio di lei: "Sto veramente bene con te."

In classe erano tutti distratti compresa lei. Di malavoglia fece le ultime interrogazioni, assegnò voti alquanto generosi, forse per farsi perdonare la sua mancanza di attenzione, poi portò tutti in aula video.

"Quest'ultima mezz'ora guardiamo un bel film in lingua originale con sottotitoli" annunciò.

Il film era il sempreverde "Titanic" amatissimo dalle ragazze, tollerato dai ragazzi che apprezzavano le scene dell'affondamento.

Era sicura che sarebbero stati zitti, o quasi. Si mise seduta in un angolo. Non riusciva a togliersi dalla mente l'immagine della casa al mare.

Come se sentissi che la soluzione è là. Forse sarebbe meglio vedere quella casa prima di incontrare Marco. Domani è sabato. Lerici è a due ore e mezzo in treno da Milano. Riesco ad andare e tornare in giornata.

Capitolo 21

"A Lerici per trovare cosa?" Fu questa la prima domanda di Enrico a cui la sera stessa riferì il suo progetto.

"Non lo so."

"Ecco, brava, non lo sai. Ma chi credi di essere? Sherlock Holmes? E anche fossi, ti rendi conto che è passato quasi un anno? Qualsiasi traccia, indizio, oggetto, come diavolo li vuoi chiamare, dopo tanto tempo non possono essere più lì."

"Non sono così convinta. Le cose si ritrovano anche dopo anni e anni. E poi, magari, possiamo chiedere a qualcuno, interr... "

S'interruppe, capiva che stava per usare un verbo che avrebbe suscitato la reazione di Enrico. Che arrivò puntualmente.

"Ecco: *interrogare*. Ho detto io che ti senti una investigatrice privata!"

"Che cos'hai oggi? Sei irritato? Forse ti stai seccando di avermi tra i piedi? In effetti ti capisco. E' una rottura."

"No, Martina, ti sbagli, non è così. Non sono seccato né arrabbiato, sono soltanto preoccupato. Mi sembra che questa faccenda sia ... non come dire... troppo grossa per te, qualcosa di cui non ti dovresti occupare. E poi quella

donna uccisa, la macchina che ha tentato di investirti...
Ci sono tutti i motivi per essere preoccupato, non credi?"

"Sì, è vero. Anch'io ho paura, però... mi dispiace, ma non mi fermerò, non voglio, non posso, devo sapere, non riuscirò a vivere tranquilla senza sapere cosa è accaduto ad Alida."

"Mi arrendo. Verrò con te alla villa."

"Non è necessario. Posso prendere il treno."

"No, vengo con te. A me piace fare gite fuori porta."

"Una gita, sì, sono anni che non faccio una... gita."

"Non sei mai andata via con Francesco?"

"Lui me lo ha proposto un sacco di volte, ma io non ho mai voluto. Non mi piace Milano, però non mi piacciono neppure i posti fuori da Milano. Credo che non mi piaccia nessun posto."

"Il mare azzurro, la montagna con le vette nevose, i prati verdi e odorosi..." poetò Enrico con un misto di ironia e stupore.

"Dovrebbero incantarmi, vero? Invece mi lasciano del tutto indifferenti. Mi piacciono quando vengono descritti sui libri, ma poi quando li vedo li trovo deludenti. Ogni volta che sono via, non vedo l'ora di tornare nella bruttura delle strade zozze di questa città tra i fumi dell'inquinamento."

"Sei la donna più originale che abbia mai conosciuto."

E' complimentoso, ma so cosa sta pensando: questa è tanto storta e balorda, sono sicuro che voglio stare con lei? Io, fossi in lui, scapperei a gambe levate.

Due giorni dopo, domenica mattina, partirono per Lerici. Martina aveva anche preparato una specie di colazione al sacco: due panini imbottiti per lui, per lei sei gallette con un fettina di bresaola su ognuna più due mele per ciascuno.

"Cosa succederebbe se un giorno ti si obbligasse a mangiare a più non posso?"

"Vomiterei tutto."

Lui scosse la testa.

"Ti dà fastidio?" chiese lei.

"Cosa?"

"Il fatto che mangi poco."

"No, non credo. Mi stupisce. Ma se non ti fa male…"

"No, mangio abbastanza. In genere mi sento bene e non sono troppo magra."

Nel corso del breve viaggio il cellulare di Martina suonò due volte. La prima volta era la madre.

"Sono con il mio nuovo fidanzato" disse Martina esibendo una voce allegra e squillante. Di fianco a lei, alla guida Enrico, sorrideva di un sorriso beato. Gli piaceva che lei lo chiamasse il suo "nuovo fidanzato".

La seconda volta era Francesco. Gli mancava, stava male, desiderava vederla.

Martina, imbarazzata, rispondeva a monosillabi e continuava a ripetere "mi dispiace, mi dispiace." Quando le chiese con chi era, evase la domanda. Riuscì a congedarlo soltanto promettendogli che si sarebbero visti mercoledì sera.

"Povero ragazzo" fu il commento di Enrico.

E' più comprensivo lui di quanto lo sia io. Il fatto è che mi pare che Enrico abbia una specie di empatia con gli altri, ciò che manca totalmente a me. A me manca l'empatia anche per me stessa...

La villa si trovava in fondo a una via stretta, lontana dalle altre case del paese ed era anche più bella di quanto apparisse in fotografia. Protetta da un alto cancello, chiuso con un robusto catenaccio, sembrava inaccessibile.

"E adesso?" chiese Enrico.

"Non dire che lo avevi detto, per favore."

"Facciamo un giro intorno, magari troviamo il modo di entrare."

Percorsero il perimetro tutt'intorno alla villa. Una volta arrivati alla parte posteriore videro un uomo che si avvicinava.

"Parlo io" disse Martina.

Adesso era a pochi metri. Basso e tarchiato, li guardava con occhi curiosi.

"Buon giorno" disse lei accompagnando il saluto con un gran sorriso.

"Buon giorno. Avete bisogno di qualcosa?"

"Sì, siamo due studenti di storia dell'arte e ci piacerebbe molto vedere la villa."

"La villa? E' chiusa dall'anno scorso credo. Io sono solo un vicino di casa. Abito là..." disse indicando una casa sul fondo opposto della strada.

"Capisco" disse Martina con una voce che doveva suonare avvilita perché l'uomo replicò un: "Mi dispiace" veramente sentito.

E' gentile, magari risponde a qualche domanda.

"Sa quando si possono trovare i proprietari?"

"Ah, non lo so, ultimamente non si sono fatti vedere. Credo che l'ultima volta che ho visto qui qualcuno è stato la primavera scorsa..."

"Nessuno ... neppure per un week-end?"

"Un uicchend? cosa intende?"

"Intendo dire per un fine settimana."

"No, non credo, ma non ne sono sicuro. Vede... da dove abitiamo noi, se siamo in casa sentiamo quando passa la macchina, perché questa è una strada chiusa, oltre la villa non c'è niente. Però non siamo sempre in casa."

"Se io avessi una casa così, verrei qui a passare tutte le mie ore libere."

"Lo credo, ma sa come sono i ricchi... Quelli preferiscono andare in barca o fare feste. Questo è un posto tranquillo, troppo noioso per gente come loro."

"Li conosce bene?"

"Beh, io conoscevo la famiglia di lei, perché la casa appartiene alla signora Di Frate. La villa è qui da ... non so neanch'io da quanti anni, credo dai tempi di mio nonno. Lui, il Bertego, sa, l'ex calciatore del Milan?, non lo vedo da una vita. Invece la signora... devo aver visto la macchina una volta l'anno scorso, di sfuggita. Poveretta..."

"Poveretta?"

"Sì, poveretta. Perché, detto tra noi, si ritrova tante di quelle corna. D'altra parte poteva saperlo: il Bertego è sempre stato un don Giovanni. In quell'ambiente lì... Fino a un paio di anni fa lui portava qua un mese sì e un mese no le sue amiche. E che ragazze... una più bella dell'altra. Ma, come ho detto, è un pezzo che non lo vedo."

"Beh, è un peccato lasciare la casa così disabitata."

"Ah sì, sicuro, secondo me dovrebbero venderla. Altrimenti a lasciarle a se stesse le case vanno in rovina. Guardi il giardino... è un disastro..."

"E adesso?" chiese Enrico una volta in macchina.

"Adesso niente... non abbiamo potuto vedere niente, non abbiamo saputo niente di interessante, o quasi."

"Ovvero?"

"L'uomo ha detto che il signor Bertego è venuto qua fino a un paio di anni fa, poi non lo ha più visto. Escludiamo subito la prima possibilità cioè che abbia smesso di avere amanti, visto che sappiamo di sicuro che stava con Alida, e passiamo alla seconda ovvero che, quindi, portava le sue donne da qualche altra parte. Dove deve avere portato Alida quella notte."

"E secondo te qual è questa 'altra parte'?"

"Ma... ci ho pensato... credo un ... piéd a terre, una.. come la chiamano nei romanzi? Bernardera."

"Martina!"

"Che c'è?"

"Tu non sei mai volgare."

"Certo che lo sono, posso essere molto volgare, chi ha detto che non sono volgare? Porca troia, puttana..."

"Martina!"

Enrico, aveva fermato la macchina bruscamente. Si trovavano su una strada pressoché deserta. A lato un boschetto. L'attirò a sé: un lento rossore si era diffuso sulle guance lattee della ragazza.

La baciò con passione.

"Le parolacce ti hanno eccitato..."

"*Tu* mi ecciti."

"Facciamo l'amore?"

"Forse è meglio a casa... In macchina non mi ..."

Che bravo ragazzo questo Enrico!

"Hai ragione. E' meglio."

Non pronunciarono più una parola finché non furono nell'appartamento di Enrico. A letto.

Ho fame, no in realtà ho voglia di una sigaretta. Dopo aver fatto l'amore con Francesco non avevo mai voglia di fumare.

"Hai una sigaretta?"

"No, mi dispiace. Da quando fumi?"

"Fumo qualche volta, quando sono felice o quando sono nervosa."

"E adesso?"

"Sciocco, non ti rispondo."

Lui cercò di abbracciarla, ma lei si era seduta sul letto.

"Allora voglio un cracker."

"Hai fame?"

"Sì."

Enrico si alzò per prenderle il cracker. Poi tornato a letto l'abbracciò.

"Sei bellissima."

"Dimmelo ancora."

"Sei bellissima."

"Mi piace sentirlo."

"Credo di essere innamorato di te."

Silenzio.

"Non ti piace sentire questo, invece?"

"Non lo so."

"Perché?"

"Perché non so se io sono innamorata di te."

"Non importa."

"Sei sicuro?"

"No."

"Non mi sei indifferente."

"Ah grazie."

"E' già tanto per me. Francesco sentimentalmente mi era indifferente. Anche per Marco provavo un qualche vago sentimento di affetto, ma niente di più. Per te è diverso. Provo qualcosa, ma non so quanto è intenso."

"E per Alida?"

"Alida... Alida l'amavo veramente. L'amavo come non ho mai amato nessuno."

"E con lei facevi?..."

"Mi stai chiedendo se facevamo sesso? Sì, molto e appassionatamente."

Enrico la guardò.

"Hai le pupille dilatate come se fossi drogato."

Lui rise.

"No, sei tu che mi stravolgi..."

Poi, all'improvviso, tornò serio.

"Se vi amavate tanto, perché vi siete lasciate, tu e Alida?"

"E' una... stavo dicendo è una lunga storia, non lo è in realtà, ma te la racconterò un'altra volta. Comunque è stata lei a lasciarmi."

"Hai sofferto molto."

"Sì."

"Per questo hai paura di amare?"

"Non lo so."

"Pensi di potere..."

Lei gli mise una mano sulla bocca dandogli un morso dispettoso all'orecchio.

"Fai troppe domande."

In quel momento suonò il cellulare di Martina.

"Non rispondere, ti prego" la supplicò lui.

"Aspetta, almeno guardo chi è."

Prese il cellulare in mano.

"Non conosco questo numero."

"Allora non rispondere."

"Magari è importante... Pronto."

Una voce maschile dall'altra parte e Martina che pronunciava frasi brevi da cui Enrico non riuscì a capire chi fosse l'interlocutore.

Quando la telefonata finì, Martina aveva un'espressione assorta.

"Chi era?" chiese subito Enrico.

Lei depose il cellulare sul tavolo con gesti lenti come se volesse prendere tempo.

"Era Marco."

Capitolo 22

Puntualissima alle nove Martina era nell'ufficio di Marco. Sede centrale nel cuore della città vicino a Piazza Duomo ai negozi chic non lontano da quel ristorante Traliccio in cui era stata poco più di un mese prima.

L'aspettava inquieto. In giacca e cravatta come lo aveva visto l'ultima volta.

Occhi blu, capelli scuri, naso diritto, bei denti, attraente, forse anche più che attraente. Con l'età ha anche assunto un'espressione riflessiva. Sa mascherare bene la sua assoluta assenza di personalità. Chissà se è felice, chissà se uno come Marco può essere felice. Mi sono spesso chiesta che cosa trovasse in Alida, perché si fosse innamorato di lei. Lui, che era destinato a qualche rampolla di famiglia facoltosa, cosa faceva con una figlia di impiegata single? Ma forse Marco mi assomiglia più di quanto pensi, forse in Alida aveva trovato proprio ciò che avevo trovato io, la forza, la spensieratezza, la vitalità...

"Sono stato interrogato dalla polizia." Furono queste le sue prime parole pronunciate con un tono offeso, come dire: come hanno osato?

Martina non rispose niente. Non le pareva che l'affermazione richiedesse alcun commento o replica.

"In tutto questo c'entri tu" continuò lui con tono accusatorio.

"In tutto cosa?"

"Lo sai benissimo. Da quando ti ho detto (quanto mai!) che Alida è scomparsa, hai cominciato a fare... la detective."

Di nuovo Martina non parlò.

Non è ancora il momento. Lo voglio prendere di sorpresa, per una volta che Martina non è andata alla montagna, ma la montagna è andata a Martina, sfrutterò la situazione.

Marco camminava nervosamente avanti e indietro per l'ampio ufficio

"La polizia pensa che io sia coinvolto nella scomparsa di Alida."

"Lo so."

"Glielo hai detto tu?"

"Sì, perché io *so* che tu sei coinvolto nella scomparsa di Alida, o meglio, so che tu hai visto Alida la notte in cui è scomparsa."

Marco smise di camminare. Si fermò di colpo in mezzo alla camera davanti alla scrivania di legno, investendola di uno sguardo indagatorio, due occhi che le frugavano in volto per capire se stava mentendo.

Guarda osserva scruta, non capirai mai se sto bluffando.

"Me lo ha detto tuo padre."

"Mio... padre?" replicò lui incredulo.

Forse è stata una mossa sbagliata, però ormai sono su questa strada non posso più tornare indietro.

"Sì tuo padre, il tuo vero padre, l'amante di Alida, marito di Emma."

"Mio padre è in Cina."

"Lo so. L'ho contattato..."

Mossa azzardatissima.

Marco fece qualche passo verso la scrivania appoggiandovisi con le mani. Appariva smarrito.

Sì, ho fatto centro!

"Però non hai detto questo alla polizia."

"No, non ancora."

"E perché?"

"Perché non ho le prove che tu l'abbia uccisa."

"Parli proprio come una cazzo di investigatrice dei film."

Se il sorrisetto che accompagnava questa affermazione era ironico, il tono della voce invece era alterato.

Credo che si stia arrabbiando, è meglio concludere il più presto possibile.

"Magari hai anche addosso dei microfoni... saresti capace..." aggiunse lui con freddezza senza smettere il sorrisetto.

Chissà se potrebbe farmi una scenata qui nell'ufficio: siamo soli e la porta è grossa e robusta. Ciononostante se grido, penso proprio che le impiegate che stanno nella stanza accanto sentano. No, se mi aspetto una scenata come dieci anni fa non avverrà, non qui e non in questo momento, almeno.

Questo pensiero la rassicurò.

"Niente microfoni, Marco. Sono qui tutta sola e come amica di Alida voglio sapere…"

"Amica di Alida? Ma se non vi frequentavate da anni… Lei non ti voleva più vedere, non voleva neppure sentire parlare di te."

"Le cose che dici non hanno niente a che fare con la mia… indagine." Pur scossa dalle parole di Marco, Martina cercò di mantenere un atteggiamento staccato e indifferente. "Io e Alida siamo state amiche e questo mi basta."

"Alida era una a cui non importava di niente e di nessuno. Ti assicuro, Martina, che stai sprecando il tuo tempo. Era un essere di merda."

Martina perse il controllo.

"Bastardo" esplose "l'hai ammazzata e adesso hai il coraggio di dire queste cose."

"Ammazzata? Io non ho ammazzato nessuno."

"Sì, sono sicura che sei stato tu."

"Non è vero, quando l'ho lasciata era viva."

Martina continuava a fissarlo.

Ah, se gli occhi potessero penetrare la mente… Forse lo aveva letto da qualche parte.

"Non c'è nessuna ragione per cui te lo debba dire, ma lo farò. Ti racconterò come è andata. Era martedì mattina. Il giorno prima avevo parlato con mio padre, Fabio, il mio vero padre, di un affare che dovevamo concludere. La compagnia, per cui lavoro, fa affari con mio padre, per dirla tutta, è lui che mi ha aiutato a trovare questo posto. Di sera l'ho chiamato al cellulare, ma era spento. Allora, di mattina presto, prima di andare al lavoro l'ho cercato a casa. C'era Emma sconvolta. Ti dirò che sono abituato a vedere quella donna sconvolta, è un'autentica piattola, Dio solo sa perché mio padre se l'è sposata ai tempi che furono. Bene, Emma in lacrime mi dice che quel figlio di puttana non c'è, è andato via, non sa dove. Lo so io naturalmente: quando litigano, o quando ha una scopata, papà va nel suo appartamentino, la sua bernardera." *Ecco la parola, sapevo che la usavano anche nella realtà e non soltanto nei romanzi...* "Suono al citofono, non mi risponde nessuno. Penso, forse papà non apre perché ha paura che sia la rompicazzo di sua moglie, mi faccio aprire dal vicino di casa dicendo che sono il signor Bertego e che ho dimenticato le chiavi. Salgo, l'appartamento è al terzo piano e busso. Di nuovo nessuna risposta. «Papà, sono io» dico ad alta voce. E la porta si apre. Mio padre, con una faccia sconvolta, mi chiede seccato che cosa voglio. «Papà, non ti ricordi? Dovevamo parlare di quell'affare. Devo arrivare in ufficio con la risposta.» «Oh sì, hai ragione, scusa, adesso scendo subito.» «Non possiamo parlarne qui?» dico io. «No, lascia stare, non sono solo.» «Immagino, ma non importa.» Non era certo la prima volta che lo vedevo insieme a una delle sue troiette." *Mi sta raccontando tutto in modo troppo particolareggiato: mi vuole convincere che sta dicendo la verità.* "Insisto: «Dai papà, fammi entrare», ma lui non vuole. «Va be'» faccio io. «Allora ti aspetto al bar.» Però prima gli chiedo i documenti che dovevamo vedere insieme. «Dammi i documenti, così me li guardo mentre ti prepari» dico. Lascia la porta aperta per qualche secondo, il tempo di andare al tavolo del minuscolo appartamento e prendere la valigetta con i documenti. E allora vedo per terra un vestito che mi era assai familiare, un abito rosso fiamma, inconfondibilmente il vestito di Alida. Immediatamente capisco che lei è lì. Lui non mi vuol fare entrare perché sa che è la mia ex fidanzata. Però non fiato. Prendo i documenti e vado al bar, ma qui non do neppure un'occhiata alle carte. Continuo a rimuginare: come è possibile che Alida sia lì con mio padre? Mi aveva lasciato da tempo, ma ancora la ferita mi bruciava. Anche perché mi aveva mollato così dall'oggi al domani praticamente senza darmi nessuna spiegazione." *Conosco questa storia, purtroppo.* "Io di Alida ero cotto, ho avuto decine di donne, ma lei per me era insostituibile, me ne accorgevo giorno dopo giorno." *Ma se hai appena detto che era un essere di merda?*

"Sapevi che tuo padre conosceva Alida?"

"Certo, gliel'avevo presentata io. La portavo con me a cene, feste, dove c'era anche mio padre. Noi tre eravamo andati anche alla villa della moglie rimpiazzo, un posto splendido, a Lerici."

"Non mi avevi mai detto che Alfredo non era il tuo vero padre."

"Perché il mio vero padre non è mai stato presente. Sempre in giro per lavoro, praticamente non esisteva. Si è fatto vivo quando avevo quasi finito università e dopo mi ha aiutato a ottenere il lavoro nella compagnia."

Continua a parlare, ha fretta di vuotare il sacco...

"Tempo un quarto d'ora e mio padre mi raggiunge al bar, parliamo di lavoro per una decina di minuti. Io però non ho più la testa per quello, continuo a pensare ad Alida, mi ripeto che devo assolutamente parlarle. Allora dico a mio padre che non sto bene, che devo andare a casa. Lui è un po' perplesso. Mi brontola un: «Prima tutta quella fretta e adesso...» ma se ne va anche lui. Io faccio finta di prendere la macchina, invece rimango lì sotto casa in attesa che lui si allontani, poi salgo, busso, lei mi apre senza neanche chiedere chi è, pensava che fosse mio padre che fosse tornato. C'è una scenata, io grido, le do anche un paio di... sberle."

"E' caduta per terra, ha sbattuto la testa ed è morta."

"No, non è vero!" *sembra sincero, ma chi può dirlo?* "Non è andata così. Io ero furibondo, è vero, si stava scopando mio padre perché era più ricco e più potente di me, me lo ha detto chiaramente. «Non m'importa di tuo padre, m'importa una sola cosa: diventare ricca, ricchissima e tuo padre è la via più semplice per arrivarci.» Io le ho detto che lui non l'avrebbe mai sposata. «Questo è da vedersi» ha risposto lei. Io ero veramente incazzato, forse più che altro per il fatto che avesse scelto proprio mio padre, lo prendevo come un doppio tradimento, per questo l'ho picchiata."

"L'avevi già fatto?"

Lui fece un gesto con la testa che Martina non riuscì a capire se fosse un assenso o un diniego.

"L'ho lasciata che erano le sette di mattina ed era viva e vegeta. Le ultime sue parole sono state «sei un bastardo». Però, ti ripeto, stava bene."

"Non ti sei chiesto che cosa le sia successo?"

"Certo, mille volte, cosa credi, che sia un mostro? Dopo tutto, stronza o no, io di Alida ero innamorato."

"E quali sono state le tue supposizioni?"

"Ho pensato che le fosse accaduto qualcosa sulla strada per casa, che un qualche delinquente o una banda di delinquenti l'abbia rapita e uccisa. Anche se mi rendo conto che alle otto di mattina c'è tanta gente in giro... Guarda, questa cosa mi è girata in testa per mesi, ma poi me sono fatto una ragione, come dovresti fare anche tu."

"Tu sai che anche la madre di Alida è scomparsa?"

"Sì, lo so, me lo ha detto la polizia. Ma hanno anche detto che potrebbe essersi suicidata."

"Già, però..."

"Però niente. Adesso basta. Ho molto da fare."

Martina mise la mano sulla maniglia della porta.

"Non sarebbe il caso che tu dicessi quello che hai detto a me anche alla polizia?"

"Assolutamente no, non voglio essere coinvolto."

"Coinvolto in che cosa se non hai fatto niente?"

"Lo sai benissimo: grane. Interrogatori, domande, eccetera eccetera, il fatto è che penso che la polizia non scoprirà un accidenti di niente! Sono degli incapaci."

Martina pensò un secondo al "suo" commissario. Si era lamentato diverse volte della sfiducia dei cittadini nella polizia. *Aveva ragione: la gente non sembra avere grande stima.*

"Allora sei convinta adesso?" chiese lui e sembrava che la risposta gli stesse veramente a cuore.

"Sì, abbastanza" rispose lei.

Non completamente, in realtà. Marco è stato persuasivo, sembra che sia tutto vero, ma forse è semplicemente bravo a mentire come lo sono io. E comunque non ho altra scelta che di accettare quello che mi ha detto.

"Bene, vado" disse Martina.

"E adesso, cosa farai?"

"In che senso?"

"Continuerai a ...indagare?" Non riusciva a pronunciare quella parola senza accompagnarla con un sorrisetto ironico.

"Non lo so."

"Vuoi un consiglio? Lascia stare!"

"Perché mi dici questo? Hai detto che eri innamorato di Alida."

"*Ero*. Ciò che è passato è passato e anche trovare il responsabile o i responsabili a cosa servirebbe?"

Martina non rispose. Appena uscita dall'ufficio di Marco, suonò il cellulare.

Che tempismo!

Era Enrico a cui raccontò tutto per filo e per segno.

"Tu pensi che abbia detto la verità?"

"Sì, credo di sì."

"Non potrebbe avere mentito?"

"Non credo che l'abbia uccisa lui. Anche se sì, naturalmente potrebbe avere mentito."

"E adesso?"

"Adesso non lo so. "

Capitolo 23

Erano passate tre settimane dal colloquio con Marco. La scuola era finita. C'erano stati gli scrutini che Martina sopportava con spirito da martire, perché detestava un gran parte dei suoi colleghi, poi gli esami di terza media, infine l'orizzonte, quasi infinito, di vacanza, quasi tre mesi.

L'ultimo giorno di esami venne a prenderla Enrico.

"Sei contenta?" le chiese premuroso.

"Sì, molto."

"Ti accompagno a casa?"

Ormai non tentava neanche più di invitarla da qualche parte a bere o a mangiare.

"No, devo andare dai miei."

"Trasecolo. Dai tuoi?"

"Sì, mangio da loro."

"Non ci posso credere."

"Non li vedo dai sei mesi. Oggi faccio un fioretto. E poi ieri sera ho praticamente digiunato, ho un avanzo di ottocento calorie almeno."

Enrico scosse la testa.

"Martina, non ti smentisci mai."

"Non sei contento di avere una fidanzata prevedibile?"

"Fidanzata? E' la seconda volta che lo dici. Mi piace."

"Mi è scappato."

"Sei pentita?"

"No."

"E Francesco?"

"Poveretto."

"Qualche altro commento?"

"Mi dimenticherà."

"Tu non hai dimenticato Alida."

"Sì, ma sarebbe soltanto il ricordo di una persona che ho amato, se fossi riuscita a chiudere la faccenda."

"Intendi dire a sapere che cosa le è successo?"

"Esattamente. Adesso però andiamo. I miei abitano dall'altra parte di Milano, ho scelto apposta la casa lontano da loro. A proposito se vuoi, sei invitato anche tu."

"Vengo?"

"Meglio di no. Se litighiamo, com'è probabile che sia, sarai imbarazzato."

"Magari la prossima volta."

"Tra un anno o giù di lì."

Ai genitori naturalmente non parlò di Alida e di tutto ciò che era successo. Quel giorno in cui si sentiva tranquilla e quasi felice, tutto filò liscio. Riuscì a ignorare i commenti della madre sulle sue abitudini alimentari e non, le lamentele del padre sempre preoccupato, i rimproveri per la sua lontananza e ingratitudine. Uscì da casa dei genitori un po' meno serena e contenta, ma con la prospettiva di una serata con Enrico.

Sono innamorata, e, se non sono innamorata, sto innamorandomi ed è la più bella sensazione del mondo.

Arrivata a casa si preparò per uscire a correre. Il pranzo dalla madre era stato sostanzioso: piatto di spaghetti al pomodoro, arrosto con insalata, una fettina, lei l'aveva presa microscopica, di crostata.

Prima che uscisse la chiamò Enrico.

"Ti ricordi che domani sera abbiamo la pizzata con i colleghi?"

"No, l'avevo dimenticato. Dobbiamo proprio?"

I colleghi li vedo anche volentieri, ma la pizza? Una pizza media, anche con le verdure, è qualcosa come ottocento calorie.

"Io devo, tu no."

Questo mi piace di Enrico, niente lamenti, niente rimproveri, assoluta libertà. Cosa rispondo? Un bel sì. Dopo tutto, un po' di socialità mi fa bene e con la pizza mi arrangio.

"Vengo, Enrico."

In pizzeria si sedettero a un lungo tavolo. Martina conosceva una gran parte delle persone che erano presenti: tutti colleghi e colleghe di Enrico di cui una parte con mogli e mariti, fidanzati e fidanzate.

Lui rideva e scherzava con tutti con la sua consueta disinvoltura misurata. Le teneva la mano ma senza ostentazione, rivolgendole di quando in quando uno sguardo come per dire "sono qui con te e soprattutto *per te*".

E' la prima volta che usciamo insieme ad altre persone; mi piace come si comporta. Ha sempre qualcosa di figo Enrico. Figo e buono, cosa voglio di più? Ricco non è, ma io non sono come Alida, i soldi sono l'ultima cosa che considero.

Alcuni dei giovani presenti erano molto vivaci, uno, in particolare, parlava continuamente. Era per lui che era stata organizzata quella pizzata: stava per lasciare Milano per qualche meta esotica dove aveva ottenuto un posto come capo di un villaggio vacanze.

Martina parlò poco, ascoltava i discorsi smozzicati, tanti dei quali vertevano intorno ai soci del club in cui lavoravano, di cui citavano i nomi a lei per gran parte sconosciuti.

Per il resto fu impegnata a calcolare le calorie che la pizza che aveva ordinato poteva valere.

Pesa almeno duecento grammi, sì, sarà circa ottocento calorie. E per di più mi sembra anche oliosissima.. Quindi le calorie potrebbe anche essere novecento. Non posso sicuramente mangiarla tutta. Ne lascio un pezzo e cerco di affibbiarla a Enrico, tanto lui mi capisce.

"Qualcuno vuole del vino?" stava chiedendo in quel momento Guido, il futuro capo villaggio. "Tu, Martina, hai sempre il bicchiere vuoto."

"No, grazie." Martina si era sporta verso la bottiglia d'acqua per versarsene una generosa quantità nel bicchiere in modo da far passare ogni tentazione e, proprio mentre versava l'acqua, colse il brandello di un discorso che attirò la sua attenzione.

"Sì, anch'io ho letto l'articolo su Alida" stava dicendo Fabiana, una delle istruttrici.

"Alida? La nostra ex collega, quella che è... scomparsa?" domandò il ragazzo che le era seduto accanto.

"Sì, proprio lei."

"E nell'articolo cosa si diceva?"

"Non l'hanno trovata, vero? Lo sapremmo" intervenne Guido.

"No, non l'hanno trovata. Ma l'articolo diceva che si stanno ancora facendo delle indagini perché, sembra, che siano saltati fuori nuovi elementi."

"Secondo me non la troveranno mai, in Italia scompaiono migliaia di persone all'anno, soprattutto donne e non li trovano mai" commentò il ragazzo.

"Io sinceramente penso il peggio" disse Fabiana.

"Cioè?"

"Che sia morta."

"Potrebbe essere stata rapita. Alida era veramente bella. Sapete che c'è una specie di tratta delle bianche..." Di nuovo era stato Guido a parlare.

"A me è dispiaciuto un sacco" intervenne Stefano, un belloccio che sembrava uscito da una rivista per muscoli body builder. "E pensate che è la seconda istruttrice che conosco che sparisce."

"Cioè?"

"Quando lavoravo al Velour, c'era una ragazza, anche lei un'istruttrice e anche lei è sparita, da un giorno all'altro, e non è mai più stata trovata. La polizia diceva che era scappata, ma io la conoscevo bene, c'ero anche uscito qualche volta."

"Insomma vuoi dire che ci sei stato a letto."

"A letto? No... mi sembrava che avesse gusti un po'... specifici."

"Cioè?"

"Preferiva le femmine. Comunque una felice e contenta, non certo il tipo che si butta giù da un ponte o cose del genere."

"Un'istruttrice?" chiese Martina che parlava per la prima volta quella sera.

"Sì, una bella biondina tipo te."

Il club Velour, un nome familiare. Non gliene aveva parlato proprio Emma? Emma aveva frequentato il club Velour prima di iscriversi a questo club. E non era stata una coincidenza? Ma no, che sciocchezza, Emma...

Prima di uscire Martina si avvicinò a Stefano.

"Senti" disse, "quella ragazza con cui uscivi, come si chiamava?"

"Nadia, si chiamava Nadia. Perché me lo chiedi? La conoscevi anche tu?"

"No, era solo una curiosità."

Stefano le lanciò un'occhiata stupita, ma non aggiunse niente.

Forse ha pensato che fosse un pretesto per avvicinarmi.
Uno così sembra alquanto narciso. Meglio così.

Dopo la pizzeria Martina ed Enrico andarono a casa di lei e fecero l'amore.

Non ho mai fatto l'amore così tanto e così
appassionatamente, sta forse cominciando una nuova era
nella mia vita?

Martina era sdraiata tranquilla vicino a lui. Enrico l'abbracciò stretta a sé.

"Sei tesa. Non ti è piaciuto?"

"Molto... Non te ne sei accorto?"

"Sì, però adesso sei tesa."

"Non è vero. "

"Sì, è vero, lo percepisco. C'è qualcosa che non va? "

"Pensavo. "

"A cosa? No, non dirmelo, lo so! Pensavi alle cose che hanno detto in pizzeria su Alida!"

"Pensavo a ciò che hanno detto sull'altra ragazza scomparsa. Sai che anche Emma ha frequentato il Velour?"

"Un sacco di gente ha frequentato il Velour, per un certo periodo era la palestra più «in» di Milano. Ma tu in questo vedi qualcosa, vero?"

"Sì, vedo una relazione tra questi due casi."

"Casi? Oh Dio, ricominci a fare l'investigatrice? Martina, ti prego!"

Martina s'irrigidì.

Non dirmi ciò che devo o non devo fare. Mai.

Non espresse il pensiero ad alta voce. Ma lui capì. Capiva sempre o quasi.

"D'accordo, cosa hai intenzione di fare?"

"Niente di particolare."

"Martina, non mentire. "

"Cercherò qualche informazione su questa ragazza."

"E poi?"

"Poi niente."

"Ricordati che tra tre giorni partiamo."

"Lo so."

"Hai voglia?"

"Sì."

"Da quando non vai al mare?"

"Da quando sono bambina."

"E l'estati scorse? Sei stata in montagna?"

"Neanche per idea. A Milano."

"Non ti annoiavi?"

"Annoiarsi non è la parola giusta. Mi disperavo. No, scherzo. Ero impegnata a contare le calorie e poi avevo la corsa e i miei libri. Ne leggevo quasi uno al giorno."

"Non avevi bisogno di nessuno?"

"No, stavo cercando di recuperarmi."

"Ci sei riuscita?"

"Non completamente."

"Nessuno ci riesce completamente."

"Forse."

Martina lo baciò.

Mi sta di nuovo venendo voglia di fare l'amore. Ma cos'è?
Forse questo muscolo sul petto, il suo odore di maschio
che sento qui sotto il collo, oppure la sua voce, morbida
virile...

Lui la strinse, con affetto, senza sensualità.

"Dormiamo"disse.

Nadia Fagottini, ventisei anni, un passato di
campionessa di nuoto, lavorava al Velour come
istruttrice. Nonostante la giovane età aveva diversi clienti
come personal trainer. Soprattutto donne.

Molto attraente, disinvolta, frequentava ambienti della
Milanobene, conducendo una vita non dissimile da
quella di Alida. In quanto alla personalità, dagli articoli
traspariva poco, se non che era una giovane allegra e
piena di vita. Per questo si era escluso il suicidio. La
polizia aveva seguito diverse piste, che però non avevano
portato a niente. Già poche settimane dopo la scomparsa
non erano più apparsi articoli riguardo alla ragazza.

Come per Alida. Martina aveva ripreso il quaderno su cui
aveva scritto gli appunti. Scrisse il giorno in cui Nadia
era scomparsa. Non era una sera, bensì un pomeriggio.
Sulla sua agenda avevano trovato segnato un
appuntamento di lavoro, ma non c'era scritto con chi.

Saperlo mi aiuterebbe molto. Potrei chiederlo al commissario Berruti. Chissà se mi darà ascolto. Beh, tentar non nuoce, dopo tutto è sempre stato così gentile con me. Adesso però vado al club, sono gli ultimi dieci giorni di iscrizione, poi addio club. Mi iscriverò in qualche palestra scalcinata da cinquanta euro al mese.

Era sul tapis a correre quando arrivò Enrico.

"Finisco di lavorare alle sette, ci vediamo" chiese.

"Sì, a quell'ora dovrei essere a casa" le scappò detto. Si era ripromessa di non dire a Enrico che si sarebbe recata dal commissariato.

"Perché, hai impegni?"

"Sì, poi ti dico."

Lui annuì, ma sembrava rabbuiato.

Ha capito che ha a che fare con le mie indagini. Mi dispiace, Enrico, so che non questa storia non ti piace, ma non mi dà pace. Adesso che potrei essere felice sembra che mi sia inventata un'altra ragione per tormentarmi, però non è così. Almeno credo.

Finita la corsa, vide Emma nello spogliatoio. Un saluto appena accennato. Martina abbozzò un sorriso. Emma mise su una faccia di pietra.

Martina si vestì, prese l'autobus, in mezz'ora era al commissariato. Ma il commissario era impegnato.

"Aspetto" disse lei.

"E' urgente?" le chiese un poliziotto giovane con i baffi.

Odio gli uomini con i baffi. Mi repellono. Questo poi è più schifoso che mai. Peccato che i poliziotti italiani non siamo

come quelli americani dei telefilm. Giacca, cravatta,
eleganti e raffinati.

Cercò di essere gentile.

"Posso aspettare, grazie."

Quando il commissario la ricevette era passata quasi
un'ora. Martina era stanca, ma si era ripromessa di
essere paziente: voleva a tutti i costi sapere. Lui l'accolse
con un sorriso.

Meno male, almeno è ben disposto.

"E' una visita di simpatia?"

Lei ricambiò il sorriso senza rispondere.

"No, vero? Avanti, allora racconti."

Martina gli raccontò tutto.

"Non sta forse lavorando un po' di fantasia, signorina?"

"Lei dice?"

"Stabilire un legame tra due scomparse a distanza di
anni in base a indizi così deboli..." Non completò la frase.

"Forse di indizi ce ne sono altri, forse lei mi può aiutare a
trovarne. Io ho letto gli articoli su Internet, ma è possibile
che possa scoprire altro."

"In che modo?"

"Avrete dei documenti, dei verbali... Se potessi leggerli..."

"No, in effetti non può farlo." Il tono si era fatto duro.

"Senta, commissario. Io non sto giocando a fare la
detective, io tengo veramente a sapere che fine ha fatto la
mia amica. Lei non immagina quanto sia stata
importante per me. Più di una madre, più di una
sorella..."

La capiva? Dal suo sguardo assorto intuiva che almeno cercava di capirla.

Si alzò in piedi. Non disse niente per qualche secondo. Poi:

"D'accordo, venga domani. Le faccio trovare l'incartamento."

Il giorno dopo Martina tornò al commissariato. Fu condotta in una stanzetta squallida dove avrebbe potuto leggere i documenti che riguardavano il caso della ragazza scomparsa.

Fu il commissario stesso ad accompagnarla. Prima di chiudere la porta disse:

"Le do mezz'ora, non di più, signorina. E se ha qualcosa da riferirmi mi telefoni in ufficio domani, perché oggi sono occupato fino a sera."

"Certo, grazie ispettore" aveva risposto Martina gentile al limite dell'ossequioso.

Ora stava al tavolo intenta a leggere. C'erano la denuncia della scomparsa, presentata dalla madre con il verbale e la foto della ragazza, di cui veniva riportata una dettagliata descrizione: un metro e settanta, capelli biondi, lunghi e lisci, al momento della scomparsa indossava una tuta rossa, scarpe da ginnastica bianca, nessun gioiello, se non un anello d'argento con ornamento a forma di teschio, portava con sé una voluminosa borsa da sport con il marchio nike e ...

Un momento: un anello con ornamento a forma di teschio... Questo l'ho visto: a casa di Emma insieme al pendaglio di Alida. Ricorda come ero stupita di trovare un oggetto simile tra tutti quei raffinati gioielli da "signora". Emma... E' stata lei dunque? Non so, non posso saperlo, ma questa potrebbe essere una prova!

Il commissario potrebbe chiedere un mandato di perquisizione. No, non lo farà mai e poi mai. Mi sembra di sentire i suoi commenti: "Chissà quanti anelli del genere esistono. In quale modo pensa di poterlo identificare come quello appartenente alla vittima? E anche fosse, Emma avrebbe potuto sempre dire che glielo aveva regalato." Ho poco tempo, non posso perdermi, devo continuare a leggere.

La ragazza era scomparsa nel pomeriggio del 5 aprile. Un giorno lavorativo, un martedì. Era uscita di casa con la borsa da sport alle due. Doveva cominciare a lavorare in palestra alle quattro, ma non c'era mai arrivata. Sulla sua agenda era stata trovato un appunto: ore 14.30 *E.* Quella sigla corrispondeva all'iniziale dei quattro dei clienti di Nadia, tra cui anche Emma di Frate. Gli altri nomi invece erano sconosciuti. La polizia aveva interrogato tutti e quattro che però avevano negato di aver visto la ragazza quel pomeriggio.

Invece una deve averla vista e io so chi è quell'una. Prova numero due. E a questo punto sono sicura: Emma ha a che fare con la scomparsa di Nadia e di Alida. Non è un caso che lei conoscesse entrambe. Troppe coincidenze.

In quel momento entrò un poliziotto.

"Mi dispiace signorina, il commissario ha detto mezz'ora."

Immersa com'era nei suoi pensieri Martina rispose a malapena. Uscì dal commissariato come in trance.

E adesso, cosa faccio? Sono sicura che Emma sia coinvolta. Coinvolta... uso questa parola nella mia testa per non usarne un'altra, cioè: assassina, perché, se Nadia e Martina sono scomparse ormai da tempo, vuol dire che non vivono più. E pensare che io l'avevo giudicata una donnetta vuota e pettegola e basta. Beh, il fatto che lo sia non contrasta con l'altro, cioè che sia un'assassina. Va bene, ammesso che le abbia uccise, cosa ha fatto dei corpi? Emma è una donna, non è debole, perché ha un corpo allenato da decenni di palestra, ma non è neppure molto forte. Non credo che si sia messa a casa sua a smembrare i corpi... per questo sono necessari, oltre che forza, tempo e stomaco. Deve averli portati fuori e sotterrati da qualche parte. Entrambe erano leggere, non più di cinquanta cinque chili. In quel palazzo in cui abita Emma non circola molta gente. Quindi la ricostruzione dell'omicidio potrebbe essere all'incirca questa: uccide Alida, poi nasconde il corpo, lo mette in un sacco e lo trascina nell'ascensore, da cui al garage che è nel seminterrato proprio davanti all'ascensore. Carica il corpo in macchina e poi? Dove lo porta? Dove porterei io un corpo per seppellirlo? Forse fuori Milano, forse lo getterei in qualche discarica. Ma sicuramente lo ritroverebbero. E allora le indagini sarebbero più approfondite... Dove

allora? Lo butterei in un corso d'acqua, in un lago. Ma
quale lago e dove? Dove trovare un posto solitario in cui
sono sicura che non mi veda nessuno e posso
parcheggiare la macchina e ...? Ma sì, certo. Come ho fatto
a non pensarci prima? Era ovvio.

Capitolo 24

"Enrico, posso chiederti un favore?"

Erano sulla strada per casa. Stavano tornando da teatro; lo spettacolo, un Macbeth che Martina, grande amante di Shakespeare, si era goduta minuto per minuto, era piaciuto a Enrico moderatamente. Nel secondo tempo si era quasi addormentato, ma non lo avrebbe mai confessato a Martina. Adesso era stanco e non vedeva l'ora di mettersi a letto.

"Certo, tutto per te, lo sai ..."

E' ironico, bene, speriamo che non si arrabbi.

E invece, quando Martina gli fece la sua richiesta, fu proprio quello che accadde.

"Cercare notizie su Emma? In quale modo e perché poi?"

"Io ho guardato su Internet, ma non ho trovato niente sotto il suo nome. Cioè, cominciano a parlare di lei quando si sposa con Bertego. Prima neanche una parola."

"Il suo nome da ragazza è Di Frate, giusto?"

"Sì, Emma Di Frate."

"E io cosa dovrei fare?"

"Chiedere un po' in giro."

"Un po' in giro? Cosa vuoi dire?"

"Emma passa gran parte del suo tempo al club, ha le sue amiche e i suoi amici. Per esempio l'ho vista spesso insieme a Elisabetta."

"Quale Elisabetta? quella con i capelli neri e lisci a caschetto che porta sempre il pantaloncino rosa a filo di ..."

"Di?"

"Lascia perdere. Intendi quella?"

"Sì, quella. Le fai il personal training una volta alla settimana, no?"

"Sì, però non contarci!"

"Perché?"

"Perché io di questa storia non ne posso più."

Martina tacque.

"E' un'ossessione" aggiunse lui.

"Non lo sarà più se..."

"Se risolverai «il caso», lo so. Ma non capisci che non concluderai niente?"

"L'ultimo tentativo, Enrico, ti prego. Poi ti prometto che non ci penserò più."

Enrico tentennava. Lei gli diede una carezza, uno dei suoi rari gesti di tenerezza.

"Fai la slinguina?" rise lui.

"No, dai... mi è venuto spontaneo."

L'abbracciò baciandola sulle labbra.

Buon segno, si è ammorbidito.

"D'accordo, farò il possibile. Ci vediamo domani in palestra?"

"Sì, ok, vengo nel tardo pomeriggio."

"Ti ricordi che dopodomani mattina partiamo, vero?"

"Sì."

Al mare, in Liguria, la spiaggetta, il sole, chissà se riuscirò. Enrico, non puoi capire quanto mi costa...

"Buona notte."

"Buona notte."

Alle sette di mattina era pronta sotto casa con la valigia. Il giorno prima non era riuscita a parlare con Enrico se non per pochi minuti. Adesso non vedeva l'ora di sentire ciò che aveva da dirle.

Chissà se ha saputo qualcosa... chissà se è qualcosa d'interessante... chissà...

Preferiva non pensare alla breve vacanza che l'aspettava. Stare sdraiata in spiaggia sotto il sole, la sabbia calda, la gente e gli ombrelloni... lo aveva odiato con forza fino da quando era bambina. Ma non aveva avuto il coraggio di dirlo a Enrico. Sembrava che per lui fosse una questione di onore portarla con sé nella casetta al mare che apparteneva ai suoi genitori. Per fortuna almeno loro non c'erano.

Ci manca solo che mi presenta ai genitori. Io non voglio conoscere le mamme e i papà.

In quel momento era arrivato.

*Scende dalla macchinetta. E'sorridente, no, radioso, una
bella giornata di sole, possiamo andare subito in spiaggia.
Speriamo che non dica proprio questo, speriamo...*

"Che bella giornata, possiamo andare subito in spiaggia."

*Ecco lo ha detto! Sono proprio sicura che sia l'uomo per
me? Siamo così diversi... Ma io sono diversa da tutti, non
dovevo nascere qui, in questo tempo, in questa città,
quante volte l'ho pensato, dovevo forse vivere
nell'ottocento, chiusa in casa con i miei libri a fare la
signora borghese, accogliere nel letto mio marito una volta
alla settimana, anche fosse stato un mostro, per un'ora
alla settimana avrei sopportato, avrei potuto mangiare
poco senza che nessuno se ne accorgesse, essere magra
quanto mi pareva, passeggiare di quando in quando e
andare a cavallo tutto il pomeriggio, niente rapporti stretti
niente complicazioni, niente...*

"A cosa stai pensando, amore?"

"A niente di particolare."

"Scommetto che vuoi chiedermi di Elisabetta."

*Sì, nel panico della partenza avevo dimenticato persino
questa storia.*

"Allora? Ti sei fatto raccontare?"

"Sì, e ho saputo molto più di quanto avessi mai pensato.
E' incredibile quanto siano pettegole le donne. Pensa che
continuava a ripetere che Emma è così una cara amica
per lei."

"Allora dimmi!"

"Mi ha raccontato che Emma non è cresciuta a Milano, ma a Lerici, credo proprio nel posto dove siamo andati, in quella villa bellissima. *Del resto l'uomo con cui abbiamo parlato aveva detto che la villa apparteneva alla sua famiglia.* Emma è cresciuta in una famiglia piuttosto benestante, si è fatta qualcosa come dieci anni di collegio femminile. Sua cugina cioè la cugina di Elisabetta era in collegio con Emma. Questa cugina si chiama Bianca Maria Della Rosa, bel nome, vero?"

"Già, un nome da alta società."

"Ebbene, la signora Della Rosa ha parlato a lungo di Emma. Sai com'è, mi ha detto lei, quando si sono viste qualche anno prima hanno scoperto di avere un'amicizia in comune e materia per chiacchiere."

"Che cosa ha raccontato la cugina?"

"Emma stava tutto l'anno in collegio, ma in estate andava a casa. In settembre tornava in collegio per il nuovo anno scolastico. Un'estate aveva portato con sé un'amica, ma l'amica non era più tornata né era tornata Emma. Le compagne hanno saputo soltanto dopo cosa era successo: l'amica era scomparsa in mare durante una gita in barca. Sembra che Emma fosse rimasta tanto sconvolta da questo fatto che dovette essere ricoverata in una clinica psichiatrica per diversi mesi."

Un'altra "scomparsa", la terza nella vita di Emma.

"Sai come si chiamava la ragazza?"

"No, non lo ha detto. Ma ha detto che erano molto legate, addirittura inseparabili. Le chiamavano le «magnifiche due» perché erano entrambe molto belle. Adesso sei contenta?"

"Sì, grazie."

"E ora godiamoci la vacanza."

No, non dirlo!

Capitolo 25

Milano è ancora più brutta quando splende il sole. Si vede la lordura per le strade, la polvere massiccia nell'aria, il cielo si fa di un colore plumbeo che sembra presagire la fine del mondo. Eppure per tornare qui ho rotto con Enrico. Non raccontarti bugie, Martina. Sai bene che non era certo per nostalgia di questa città. Lo sai molto bene.

Martina salì a casa. Il tragitto non l'aveva per nulla stancata. Forse perché era ancora sconvolta dalla discussione con Enrico. Avvenuta di mattina ancora prima della colazione. A letto. Mentre Martina si stava vestendo.

"Ieri non hai detto una parola" aveva esordito lui.

"Non me ne sono accorta, mi dispiace."

"Sei arrabbiata?"

"No, perché dovrei?"

"Non ti piace questo posto?"

"Credo di no."

"Perché?"

"Non lo so."

Lo so benissimo, ma se te lo dicessi, non capiresti.

"Non riesci a rilassarti, a stare tranquilla?"

"No, mi dispiace."

"Non c'è niente di cui dispiacersi."

Era irritato. Ma il solo effetto che sortiva quell'atteggiamento era quello di far irritare anche lei.

"Cosa vuoi fare?"

"Abbiamo ancora due giorni, no?"

"Lo dici come se dovessi scontare una condanna."

Nessuna risposta.

"E' così, vero?" aveva insistito lui.

"Qualcosa di simile."

"Non ti capisco."

"Lo so. Non è facile."

"Almeno lo ammetti..."

La discussione era proseguita in questi termini per una buona mezz'ora. E mentre lui faceva la doccia, lei se n'era andata. Aveva messo i quattro vestiti che si era portata nella valigia ed era corsa alla stazione a cinque minuti dalla casa. Aveva avuto fortuna: era arrivato subito un treno per Genova e lì aveva aspettato mezz'ora per una coincidenza per Milano.

Aveva spento il cellulare. Non voleva parlare con Enrico. *Sono stanca, non ho voglia, soprattutto è inutile. Pensavo di riuscire, pensavo che il fatto di amarlo (ma lo amo poi?) fosse più forte di ogni cosa. Delle mie paturnie, delle mie abitudini da single, delle mie noie. Ma la vecchia, la solita, l'immancabile Martina è di nuovo qua. Dovevo*

*"sacrificarmi", "venirgli incontro" "cercare il
compromesso"? Ho cercato, mi sono sforzata, non è servito
a niente. Anni di analisi una cosa almeno me l'hanno
insegnata: inutile fingere con se stessi, prima o poi la
verità viene a galla, se verità si può chiamare.*

Appena a casa, si lanciò in un'appassionata ricerca su
Internet.

*Emma deve avere circa quarant'otto anni, forse cinquanta,
quindi l'incidente, chiamiamolo così, deve essere successo
trenta o trenta due anni fa, l'amica ha detto in estate, non
dovrebbe essere così difficile.*

Non trovò niente: a quei tempi gli articoli non erano
archiviati con il computer. Dovrei andare nella sede del
giornale, ma quale giornale? Un giornale locale, di Lerici
e dintorni, non certo il Corriere della Sera. Sicuramente
su un grosso giornale non sono apparse notizie di un
evento del genere. E' stato fatto passare per un
annegamento, non era un omicidio o qualche evento
rilevante per la cronaca.

Suonò il telefono: dieci, undici squilli

Deve essere Enrico, non rispondo.

Si pesò sulla bilancia nel bagno: cinquanta chili e mezzo.
Aveva preso mezzo chilo.

*Tutta quella inattività! Andavo a correre una volta al
giorno ma, per il resto, stesa come un pesce morto sotto il
sole. Devo smaltire. Oggi è l'ultimo giorno di abbonamento
nel club, vado in palestra e ci sto tre ore.*

Di nuovo suonò il telefono.

Mi vesto ed esco subito, altrimenti me lo trovo qui.

Lasciò l'appartamento in tutta fretta.

Dopo aver corso per più di un'ora sul tapis roulant, sudando come una fontana, era sfinita.

Non vedo l'ora di essere a casa. Tra lite, viaggio e corsa sono esausta. E poi ho mangiato troppo poco, a malapena quattrocento calorie.

Uscita dal club, accese il cellulare.

Dieci chiamate senza risposta. Tutte da Enrico! Forse dovrei telefonargli.

Dopo qualche secondo di esitazione digitò il numero.

"Ciao, sono io."

"Dove sei?"

"Al club."

"Sei tornata a Milano!

"Sì."

"Sei una stronza."

Non mi ha mai insultato. E' fuori di sé.

"Grazie."

"Non è il modo di affrontare una relazione, lo capisci, Martina?"

No, Enrico, non farmi la predica! Non dirmi non devi....

"Mi hai ferito, mi hai..."

"Non ti voglio più ascoltare, ti detesto, sei uguale a Francesco uguale a mia mamma, alla psicologa, Enrico... lasciami stare."

"Martina... "

"Lasciami stare."

La zona in cui si trovava il club, praticamente nell'estrema periferia della città, accanto a un grosso parco, era sempre poco frequentata. Quel giorno, il primo agosto, era totalmente deserta.

Martina attraversò la strada per arrivare fino alla fermata dell'autobus. Il sole batteva forte proiettando lunghe ombre sull'asfalto. Arrivata alla fermata, Martina ebbe un giramento di testa.

Accidenti al sole, al viaggio, allo sport. Se non arrivo subito a casa, svengo.

In quel momento una macchina grigia si fermò accanto a lei. Si affacciò una faccia familiare: la faccia di Emma.

"Vuoi salire? Ti accompagno a casa."

"No, grazie" fu l'istintiva risposta.

"Non ti senti bene?"

"Soltanto un leggero mal di testa."

Martina gettò una rapida occhiata alla strada.

Niente e nessuno, niente macchine, niente moto, niente uomini, donne, bambini, neppure un cane. Il deserto.

Nonostante il caldo sentì un brivido su per la schiena.

Paura.

Perché devo avere paura? Non c'è niente di cui avere paura, non può obbligarmi a salire in macchina e io su quella macchina spontaneamente non salgo.

Emma scese dalla macchina. Teneva in mano qualcosa.

"Vuoi un sorso di succo d'arancia. Ti fa bene, sai?"

"No, grazie."

Martina indietreggiò, Emma, con sorprendente agilità, le balzò di fianco. Afferratala per un braccio, le mise qualcosa sulla bocca; premeva forte come se volesse soffocarla. In pochi secondi Martina perse conoscenza. Non sentì neppure il rumore della macchina che era arrivata in quel momento e che aveva rallentato. Una testa di donna si era sporta dal finestrino.

"Ci sono problemi? Vuole che chiami un'ambulanza?" aveva chiesto a Emma.

"No, grazie. La mia amica ha avuto un mancamento. Credo che sia a causa di questo sole. Adesso la porto al pronto soccorso."

La donna era ripartita. Che motivi avrebbe avuto per sospettare qualcosa? Dopo tutto erano soltanto due donne, di cui una sorreggeva l'altra. Probabilmente aveva pensato che fossero due amiche.

Capitolo 26

"Hai litigato con lui, vero?"

"Come?"

Dio, che mal di testa, che nausea, cosa mi è successo?

"Ho detto, hai litigato con lui, vero?"

"Devo vomitare."

"No, ti sembra soltanto, è la sostanza che ho usato per stordirti. Bevi questo."

Si avvicinò accostandole un bicchiere alle labbra. Era acqua e limone con qualcosa di dolce. Martina cercò di allungare le mani per prendere il bicchiere, ma si accorse di non poterle muovere: erano legate dietro la schiena. Bevve il liquido che Emma le versava in bocca.

"Va meglio, vero?"

"Sì, meglio."

Meglio, ma sono ancora stordita. Dove sono? Cosa faccio qui?

"Ti stai chiedendo dove ti trovi. A casa mia, naturalmente. Ormai abito qui da sola, ricordi?, mio marito se n'è andato. Mi dici adesso: hai litigato con lui?"

"Con lui chi?"

"Perché fai finta di non capire?" La voce di Emma aveva improvvisamente perso ogni nota della consueta gentilezza. Era dura rauca arrabbiata.

Ho capito: mi sta chiedendo se ho litigato con Enrico. Ma cosa le importa?

"Con Enrico, intendi? Sì, ho litigato con lui. Ma questo scusa cosa...?

"Cosa m'interessa? Niente in sostanza, soltanto che... sai quanto mi piacciono le vicende degli altri, soprattutto quelle amorose. Visto che io non ne ho."

Si avvicinò e le diede da bere il resto del liquido del bicchiere. Poi mise il bicchiere sul tavolo e si voltò verso di lei.

Martina era ancora seduta a terra e la guardava.

Adesso ricordo tutto: alla fermata dell'autobus, quel sapore dolciastro. Se non fossi stata così debole, avrei reagito, non mi sarei lasciata sopraffare a quel modo...

Fanculo a me e ai miei cazzo di "disturbi alimentari"!.

"Perché mi hai portato qui e mi hai legato?"

"Dovresti saperlo no? Sei tu la detective!"

"Vuoi uccidermi?"

"Le detective non fanno domande così dirette, arrivano al punto a poco a poco..."

"Io non so farlo."

"Bene, allora non sei una vera detective."

Sta giocando. Non capisco cosa devo dire, come mi devo comportare... So solo che sono in una situazione di merda.

"Cosa vuoi da me?"

"Voglio che tu sparisca. Voglio che tu non esista più. Mi hai stufato. Sei arrivata così dal nulla a fare le tue... indagini, a tirare su un gran polverone. Quando ieri mi è arrivata la convocazione della polizia mi sono presa un colpo. E quel commissario, il Berutti o come cavolo si chiama... tante di quelle domande, un vero terzo grado. Non sono mai stata così vicino a essere scoperta. Mi aspettavo che mi facessero domande su Alida e invece hanno tirato fuori quella vecchia storia, quella Nadia. Ma come cazzo hanno fatto ad arrivare a me? mi sono chiesta, e subito mi sei venuta in mente tu, potevi essere stata solo tu, l'arguta Martina, la detective di merda. Ed ero stupita, veramente. Pensavo che ti fossi arresa. Ho detto, adesso c'ha l'amorino, 'sta stronza ha altro a cui pensare, ma tu niente, hai continuato, hai continuato."

Mano a mano che parlava il tono di voce saliva. Adesso stava quasi gridando:

"Avevo già cercato di farti fuori investendoti, ma già mentre lo stavo facendo, ho capito che era una mossa sbagliata. Troppi rischi, troppi testimoni, però, almeno, un effetto positivo c'è stato, o almeno, così mi pareva. Hai cominciato ad avere paura, non sei neppure più andata a dormire a casa tua, e poi, poi... cazzo, poi, pensavo che ti fossi arresa. Puttana!"

"Sei in collera" disse Martina mite.

"In collera, senti come parla pulito, non una parolaccia, non una bestemmia, brutta vacca..."

Si sedette davanti a lei, per terra. Gli occhi verde acqua
fissi nei suoi. Quegli occhi che Martina aveva trovato
vacui e sbiaditi adesso erano ravvivati da pagliuzze gialle.
Questi sarebbero i lampi di follia di cui si legge sui libri?
Perché questa è pazza, è pazza furiosa e io adesso cosa
faccio? Mi vuole uccidere come ha ucciso tutte le altre.
Emma aveva allungato una mano e le stava accarezzando
i capelli.
"Sono belli, tu sei molto bella, anzi bellissima, ancora più
bella di Alida."
Questo è il momento per farle la domanda.
"L'hai uccisa tu?"
"Sì."
La risposta venne secca e neutra, come se Martina
avesse domandato se il giorno prima era andata a fare
una passeggiata.
"Hai ucciso anche Nadia e la madre di Alida?"
"Sì." Di nuovo quel semplice sì, senza colore.
"Vuoi uccidere anche me?"
"Sì."
"Ma perché?"
"Perché sei una rompicoglioni.
Emma si alzò in piedi e scomparve nell'altra stanza per
ricomparire dopo poco con un bicchiere in mano.
"Adesso devi bere una medicina, buona buona."
"No, non bevo niente."
"Va bene."

Si allontanò di nuovo e questa volta tornò con un coltello in mano. Le fece balenare la lama lucida e affilata davanti agli occhi. Poi glielo puntò alla gola.

"Allora ti sgozzo."

Martina era agghiacciata. Fino a quel momento non aveva sentito la vera paura, ma questa volta ne fu risucchiata come in un vortice. Le mancò improvvisamente l'aria. Aprì la bocca ma senza riuscire a parlare.

"Allora? Bicchiere o coltello, coltello o bicchiere?" Rideva Emma. Sembrava che si stesse divertendo.

Cristo, è veramente pazza.

"Va bene, berrò, però prima dimmi cosa hai intenzione di fare."

"Non ti preoccupare: niente che ti faccia soffrire. Le altre hanno sofferto, ma perché lo hanno voluto loro. Con te non ce l'ho, è soltanto una cosa necessaria adesso, bambolina bella. Adesso tieni la bocca ben aperta."

Le versò il contenuto di un liquido amaro che Martina fece fatica a ingurgitare.

Fu come se avessero aperto una botola in cui si sentì precipitare. Nessun pensiero, soltanto una voragine nera.

Quando si risvegliò erano in macchina. Stava sdraiata sul sedile posteriore, ancora legata, pervasa da una forte nausea con la testa che le pulsava.

Probabilmente l'aveva sentita muoversi perché dal posto di guida venne la voce di Emma:

"Come stai?"

"Da cani. Cosa mi hai dato da bere?"

Come risposta una risatina soddisfatta e poi:

"E' un preparato della vecchia Emma, una pozione potentissima, ma di breve durata. Non ti aveva detto la vecchia Emma che è anche una strega?"

Anche? Perché anche? Cos'altro è "la vecchia Emma"?
Una pazza? Un'assassina?

Martina cercava di mettersi a sedere, ma non riusciva a muoversi a causa delle mani legate dietro la schiena, tanto più che la testa le doleva in modo lancinante.

Emma si accorse dei suoi movimenti.

"Stai buona lì" le intimò sempre con tono scherzoso.

"Dieci minuti e ci siamo."

"Dove?"

"Al mare."

"Al mare?"

"Sì, stai zitta adesso!"

Martina rimase ferma. Le era venuta in mente una cosa: chissà se aveva ancora il cellulare? Appena uscita dal club aveva parlato con Enrico, poi non lo aveva riposto nella borsa. L'aveva messo nella tasca del pantalone sul ginocchio che era un pantalone tipo militare con molteplici tasche. Emma l'aveva frugata, ma non aveva pensato che potesse esserci qualcosa lì.

Se piego la gamba lo sento. C'è ancora.

"Perché ti stai muovendo?"

"Perché sono scomoda."

"Senti, non farmi incazzare, ti ho detto che adesso arriviamo. Stai ferma! O vuoi ancora un po' della buona medicina di zia Emma?"

E' meglio che sto ferma, altrimenti sospetta qualcosa. Comunque, adesso, messa così, non potrei neanche prenderlo. Che cosa posso fare? Pregare, nient'altro che pregare. Ma io non credo in Dio. Prega lo stesso, Martina. Dio fa che...

La macchina sterzò bruscamente, percorse una strada dissestata e poi si fermò. Pochi secondi. Martina sentì il *bip* di un telecomando. La porta di un garage si stava aprendo scricchiolando. Dalla sua posizione Martina vedeva soltanto piante e alberi.

"Dove siamo?" chiese.

"Stai zitta!"

La macchina entrò in un luogo buio, la porta si richiuse dietro di loro. Emma scese dalla macchina e aprì la portiera posteriore.

"Scendi" le ordinò.

Martina impiegò un po'a trascinarsi fuori dall'abitacolo.

"Mi gira la testa" disse.

Non mentiva. Riusciva a mala pena a reggersi in piedi.

"Lo so. Ma sei in grado di camminare."

Era buio pesto.

"Dove devo andare? Non vedo niente."

Emma era dietro di lei. Sentì qualcosa di aguzzo su una spalla, come uno spillo.

Ma non è uno spillo, deve essere un coltello...

"Non importa se non vedi niente. Ti guido io. E non fare scherzi! Ho un coltellaccio da macellaio nelle mani, se non obbedisci ti faccio a fettine."

La spinse avanti. Martina camminava con difficoltà. Attraverso un corridoio, giù per una breve rampa di scale, un antro buio.

"Ferma qui!" ordinò Emma.

Schiacciò un interruttore sulla parete. Si accese una luce fievole che veniva da una lampadina appesa al soffitto.

Martina girò lo sguardo intorno: la stanza era totalmente vuota fatta eccezione per una branda e una sedia.

"Sdraiati adesso!"

"Cosa hai intenzione di fare?"

"Non ti preoccupare, non ti ammazzo, non adesso e non con questo."

Brandì il coltello. La lama scintillò in un balenio davanti agli occhi di Martina. Il coltello era lungo, con una lama ricurva e frastagliata di terrorizzanti dentini.

Martina si distese sul letto.

"Anche Alida è stata qui?"

"In questa casa sì, ma non in questo letto."

"Non l'hai uccisa qui?"

"Mi meraviglio di te... dove sono finite tutte le tue ricostruzioni da romanzo poliziesco? Ahi ahi, credevo fossi più brava. Ma adesso ti aiuto io. Ti ricordi dove eravamo arrivate?" Aveva un tono di voce cantilenante come se stesse raccontando una filastrocca. "Alida esce da casa di Emma, seguita dal marito. Il marito se la porta nell'appartamentino delle scopate e qui se la scopa, appunto. Ma Emma non entra nell'appartamento, telefona. Una grande invenzione il cellulare, non trovi? Puoi raggiungere tutti in qualsiasi momento. Però la stronza vede il numero e non risponde. Allora Emma le manda un messaggio: «Hai lasciato qui la tua borsa, con chiavi di casa, documenti e tutto quanto.» Già, questo è un guaio, perché di quella borsa la piccola Alida ha proprio bisogno. Lei richiama Emma: «Passo a casa tua a prenderla» dice. Bene, Emma aspetta paziente. O meglio: paziente in apparenza, ma furiosa dentro. Alida l'ha tradita, come l'hanno tradita tutte le altre. Come l'ha tradita Claudia, come l'ha tradita Nadia, io le ho amate e loro mi hanno preso in giro. Io avrei potuto vivere per ognuna di loro, io che ..." S'interruppe di colpo: "Adesso devo andare."

"Aspetta. Non mi hai risposto, l'hai uccisa qui? A Lerici?"

"Ma che brava: Lerici. Sai che siamo a Lerici..." esclamò lei sinceramente stupita. "Come facevi a saperlo? Ah, dimenticavo, tu sei l'investigatrice, tu vuoi sapere la verità, è quella che ti interessa più di ogni altra cosa..."

No, ti sbagli, Emma. Ciò che mi interessa più di ogni altra cosa è salvarmi la vita.

"No, non è morta qua. L'ho ammazzata nel mio appartamento, e poi l'ho portata qua. Sanguinava come... come... ah non so neppure io cosa, si direbbe forse un animale macellato, ma io di animali macellati non ne ho mai visti. Non avevo mai accoltellato nessuno e ho dovuto colpirla tante volte. Ce ne ha messo a morire! Sì, ha sofferto, ma non me ne importava, anzi... ci godevo. Mi ha detto delle cose cattive quando io ero disposta a perdonarla. Quando ci siamo viste, le ho detto: «Io ti ho perdonato. Dopo tutto ci siamo amate, no?» Sai cosa mi ha risposto? «Amore? quale amore? Io non ti amo, non ti ho mai amato, non ti ho mai detto di amarti.» E' vero, non me lo aveva mai detto. Ma questo che cosa significa? Niente. Niente di niente."

Ucciderà anche me.

"Hai una faccia spaventata. Dovresti vederti... " disse Emma con aria soddisfatta. "Non ti devi preoccupare, non ho nessuna ragione per essere brutale con te. Sarà una morte indolore. Adesso fammi preparare. Deve essere tutto finito prima di notte."

Capitolo 27

Una sentenza di morte, è stata una sentenza di morte.
Questa sera morirò. Ma che ore sono?
Non poteva guardare l'orologio al polso. Riuscì però a toglierlo facendolo cadere sulla branda. Guardò il quadrante. Erano le cinque e mezzo.
Emma ha detto: prima di notte, cosa intendeva per
"notte"? Le nove, le dieci? Ah, non lo so... Probabilmente
ho ancora quattro ore, non di più. Devo cercare di usare il
cellulare. Tirarlo fuori dalla tasca, prenderlo tra le mani,
accenderlo e fare il numero di Enrico, è l'unico che mi
possa aiutare. Lui sa dove si trova questa casa, può
chiamare la polizia oppure venire lui. In meno di due ore,
correndo in macchina come un pazzo, può arrivare.
Mentre pensava queste cose, Martina, stesa per terra, era riuscita a sollevare la gamba a novanta gradi. Il cellulare scivolò fuori cadendo dalla tasca del pantalone sul pavimento.
"Viva lo stretching" mormorò con un tono di trionfo.

Per accenderlo, anche con le mani legate dietro, fu sufficiente schiacciare l'ultimo numero in memoria - lo aveva fatto spesso- per sentire "al momento il cliente non è raggiungibile. Prego lasciare un messaggio sulla segreteria telefonica".

Oh, cazzo. A questo non avevo pensato. Chissà quando ascolterà il messaggio. Magari domani o... mai. E' infuriato con me. Ma proprio oggi dovevamo litigare?

Dopo il bips della segreteria, Martina cercò di dire tutto in poco tempo:

"Emma mi ha rapito, ti ripeto, Enrico, mi ha rapito, mi ha portato nella villa a Lerici dove siamo stati insieme, mi vuole uccidere questa sera, Enrico aiutami ti prego, chiama la polizia, Enrico..."

Sentì dei passi nel corridoio.

"Cristo, sta tornando."

Fece scivolare il cellulare dietro di lei imprimendogli una forte spinta. L'apparecchio corse sul pavimento.

Adesso entra, lo vede, s'imbestialisce e mi ammazza subito. Devo cercare di stare calma, forse è finito in qualche angolo e non lo vede.

Quando Emma entrò, la vide sdraiata sul pavimento. La guardò sospettosa

"Cosa stavi facendo? Cercavi di scioglierti, vero? Impossibile. In barca a vela ho imparato a fare dei nodi irriducibili." Ridacchiò nel suo modo inquietante. "Volevo chiederti se vuoi qualcosa da mangiare. Sia mai detto che ti lascio morire affamata, povera anoressica."

Rise, questa volta di gusto.

"La brava Emma ti ha portato un panino con il prosciutto. Però non ti sciolgo, te lo do io a pezzi."

Martina annuì. Mentre la imboccava, non smetteva un secondo di parlare.

Sempre la stessa, assassina o no, è una radio.

"Io ho ucciso solo donne" stava dicendo. "Gli uomini contano troppo poco. Hanno contato sempre poco nella mia vita. Ho sposato Bertego soltanto perché dovevo sposarmi. Ma io ho amato solo donne. Tutte sbagliate. Tutte morte."

Intanto metteva i bocconi in bocca a Martina che mangiava con una voracità che le era estranea.

Forse perché so che è il mio ultimo pasto?

"Tutte morte... Per la prima ho sofferto tanto, per anni, anche adesso quando ci penso. Ero innamorata persa come tu di Alida, no anzi, credo di più. Stavamo sempre insieme, vivevo per lei e lei viveva per me. Lei aveva diciotto anni, ultimo anno di collegio, una storia che durava da anni. E sai cosa mi dice un giorno? «L'anno prossimo mi sposo.» Si sposava, ma con chi? Non frequentava nessuno, se non me. Invece no, era solo una mia illusione. Nelle ultime vacanze aveva conosciuto un ragazzo, figlio di amici dei suoi, «un buon partito» dice «oltre tutto anche un bell'uomo, sarò felice. «E noi?» chiedo io. «Noi ci vedremo ancora, qualche volta, come due amiche» mi fa lei. Eravamo in barca a vela. Sole, in alto mare. Io ho cercato di convincerla, ma lei niente. Era irremovibile. L'ho buttata in acqua. Claudia sapeva nuotare benissimo, ma quando ha cercato di risalire sulla barca, l'ho colpita con un remo sulla testa. E' svenuta, è scomparsa sott'acqua. Come si dice? Inghiottita dalle acque. Ho fatto passare mezz'oretta, poi sono tornata a riva. Qui ho recitato la parte dell'amica disperata. Ho detto che si era trattato di un incidente. Nessuno ha avuto dubbi, e pensa un po', non hanno neppure trovato il cadavere. Povera Claudia..."

Una breve pausa, giusto per prendere fiato e poi:

"Bene, panino finito, è finita anche la fiaba della buona notte."

Si avviò alla porta.

"Ci vediamo presto, tesoro mio."

Piegò la testa di lato in un gesto vezzoso e aggiunse:

"Devo dire che mi dispiace. Ammazzarti, voglio dire."

Appena chiusa la porta, Martina andò a recuperare il cellulare. Era finito, come aveva previsto (e sperato) in un angolo nella semioscurità della stanza. Era spento.

"Perché? Non sarà mica rotto."

Premette il pulsante dell'accensione, ma non successe niente. Provò ancora, senza risultato.

E' rotto o si sono scaricate le batterie. Maledizione! Oh Dio oh Dio oh Dio... Adesso cosa posso fare? Aspettare, sperare, disperarmi. No, sperare. Sperare che succeda qualcosa, che Enrico abbia ascoltato il messaggio, ma quante probabilità ci sono che lo faccia? Cinquanta su

cento, sessanta, sì forse. Oh Dio ti prego, aiutami aiutami
aiutami.

Con difficoltà si alzò in piedi. In quella stanza non
c'erano finestre, la porta chiusa a chiave sembrava
robusta. Anche se fosse riuscita a liberarsi da legacci,
non sarebbe potuta uscire.

Di nuovo provò a forzare le corde. Niente da fare.

Non le restava che aspettare e sperare.

*Che cosa pensa una persona che sta per morire? Non
pensa, non riesce a pensare. Ricordo bene quella frase di
Dostovjiescki nell'Idiota, mi aveva colpito. Anche lui, come
me, era un condannato a morte e fu salvato. Ora, può
darsi che il supplizio più grande e più forte non stia nelle
ferite, ma nel sapere con certezza che, ecco, tra un'ora, poi
tra dieci minuti, poi tra mezzo minuto, poi adesso, ecco, in
quell'istante, l'anima volerà via dal corpo e tu non esisterai
più come uomo, e questo ormai con certezza; l'essenziale è
questa certezza... Brava, Martina, brava. "Martina aveva
una buona memoria", "Martina era..." . Perché sto
parlando di me «al passato»? Forse mi vedo già morta? No,
no, no. Non devo, non posso morire. E se facessi un voto?
La gente fa voti, i miracoli accadono, forse... Dio, giuro che
se mi salvo, cambio. Avrò fede, crederò che esisti, ti
porterò un cero ogni giorno. Ma è questo il modo di parlare
con Dio? Non credo, forse lui, se c'è, da me vuole qualcosa
d'altro, non certo un cero acceso ogni giorno. Forse vuole
un'altra Martina. Sarò più buona, più disponibile, più... Oh
non lo so, non lo so.*

Martina si accasciò sul letto. Cominciò a piangere, un pianto sommesso prima, poi, come quando era bambina, lungo e a singhiozzi. Alla fine si sentiva esausta, ma non voleva addormentarsi.

Non le ultime ore della mia vita, non queste.

Invece gli occhi le si chiusero. Quando li riaprì, si precipitò a guardare l'orologio a terra. Erano le nove.

Erano passate quasi due ore, tre ore dalla telefonata a Enrico.

In qualsiasi momento la porta si sarebbe potuta aprire e apparire Emma.

Come vuole uccidermi? Mi ha detto che sarà una morte indolore. Com'è una morte indolore? Forse...

Non finì di formulare il pensiero. Passi nel corridoio.

Arriva.

Sentì una mano di ghiaccio afferrarle la nuca, un tremito scuoterle le gambe.

La porta si aprì. Emma, vestita con maglietta e jeans, si era cambiata?, e scarpe da ginnastica ai piedi. Teneva in mano qualcosa che, alla luce bassa della stanza, Martina non riuscì a identificare. Scattò in piedi, ma lei le fu accanto.

"Stai ferma!" disse mettendole qualcosa sulla bocca.

Era questo che teneva in mano: un bavaglio! Lo strinse così forte che sentì la stoffa quasi in gola.

Ti odio, sei un'assassina, una schifosa, ti odio come non ho mai odiato nessuno.

Emma la spinse fuori. Il corridoio, le scale, di nuovo un corridoio. Tutto avvolto nell'oscurità.

Potrei cercare di scappare, ma come, dove? Sento ancora la lama del coltello sulla spalla. Ha sempre in mano quel maledetto coltello, puttana!

Adesso si sentiva in preda a una rabbia terribile. Se avesse avuto le mani libere, le avrebbe strappato il coltello dalle mani e l'avrebbe uccisa!

Sì, potrei ammazzarla io, qui, adesso, io che non ho mai pensato neppure di alzare una mano su qualcuno.

Arrivarono alla fine del lungo corridoio buio.

Emma aprì una porta: Martina vide una stanza da bagno illuminata da una morbida e intensa luce di candele. Rimase immobile, impietrita dallo stupore. Emma la spinse dentro.

"Muoviti!" le intimò.

"Hai visto che bell'ambientino ti ha preparato la vecchia Emma?"

Martina guardò le decine di candele di ogni colore sul bordo della vasca, sul pavimento, nel lavandino, sui ripiani. Le lamelle di luce brillavano e si specchiavano nell'acqua della vasca ricurva.

"Adesso stai ferma. Immobile."

Prese il coltello. La lama emanava caldi luccichii sotto la luce delle candele.

Oh no, mi ammazza, adesso mi caccia il coltello nel cuore e ...

"Stai ferma!" le intimò lei ancora. Con un colpo sicuro le tagliò la camicetta. *No, ti prego, ti prego, Emma, non farlo...* Poi le slacciò i pantaloni che caddero a terra. Con decisione le strappò le mutandine. Ora era completamente nuda.

"Bene, adesso togliti le scarpe e sdraiati in acqua. E' calda, è piacevole" la voce le si era fatta morbida e suadente.

Martina obbedì. Priva di volontà, si immerse nell'acqua della vasca.

Ha ragione: è calda e piacevole, ma che cosa vuole fare?

"L'ho visto in un video. Ultimamente, deve essere la vecchiaia, mi sono messa a vedere i video porno. Questo era anche violento. Forse uno snuff, lasciato in eredità dal dolce maritino. C'era un tizio che cacciava in acqua una bella ragazzina come te tutta nuda, se la scopava, poi le tagliava le vene. Io però non ti voglio scopare, non dico che non mi piacerebbe, però sarebbe, ecco, un po' complicato, quello era grande e grosso, io... Sì, ci ho pensato, però..."

Sta parlando con se stessa, un vero delirio...

"Però ecco... poi mi sono detta, accontentiamoci della seconda parte."

La seconda parte: cosa sarebbe questa seconda parte?

Dio, deve essere questo caldo o la paura, non riesco a pensare.

A sorpresa Emma le tagliò le corde ai polsi. Si trovò improvvisamente libera, con le mani intorpidite, ma non ebbe tempo neppure di alzare una mano. Tenendole con forza il braccio destro teso, con un colpo secco le incise il polso, poi, rapidissima, fece lo stesso al polso sinistro.

Martina si guardò i polsi da cui sgorgava il sangue. Era come stregata, incapace di fare alcunché.

Emma aveva sul viso un'espressione trionfante.

"Così si uccidevano nell'antica Roma, lo sai. E' una bella morte, una morte dolce, non sentirai niente, e rapida anche... Guarda, ti ho anche portato un bicchiere di vino. Prendi." Le tolse il bavaglio e le portò il bicchiere alle labbra.

Martina bevve piano. Sentiva il vino rosso incollarsi alle pareti della bocca.

Un bicchiere di vino: circa cento calorie.

Forse fu il suo ultimo pensiero. Poi un rumore lontano come di un campanello, o un telefono. E poi il nulla.

Epilogo

Settembre. La scuola era ricominciata da tre settimane e le classi di Martina erano ancora senza insegnante d'inglese.

"Deve essere nominata dal Provveditorato" aveva detto la vice preside, toccandosi nervosamente la collana di coralli che aveva comprato durante la sua crociera estiva nei Caraibi.

"E la professoressa Valenti?" aveva chiesto la mamma di Nicolò, scolaro della terza B, rappresentante dei genitori per l'anno in corso. "Lei crede che tornerà?"

"Non lo so, dopo quello che è successo..."

La donna annuì.

Tutti sapevano quello che era accaduto, dai giornali e dai vari servizi in televisione, tra cui anche il programma "Crimini d'oggi" nel corso del quale la vicenda era stata spiegata e narrata per filo e per segno e a cui la suddetta professoressa era stata invitata.

Per un'ora Martina era stata protagonista indiscussa.
Sembrava fatta per lo schermo: il volto fine e la pelle
trasparente, gli occhi di un colore azzurro intenso, i denti
bianchi che s'intravedevano in un sorriso malinconico,
ma non troppo.

Uno share di ascolto del 30 % in prima serata, un vero
successo.

Il conduttore era Maurizio Strazzi, popolarissimo tra le
giovani donne per il suo sguardo penetrante e
l'espressivo viso latino. Uno di cui ci si poteva fidare
perché non diceva strafalcioni e sapeva usare i
congiuntivi. Tanto più che la ragazza, oltre a essere bella,
parlava molto bene, con la tranquillità di una consumata
show-girl televisiva e la proprietà di linguaggio di una
laureata.

Si erano soffermati in modo particolare sulla figura
dell'assassina.

Una signora della Milano bene, ricca, conosciuta negli
ambienti dell'alta borghesia, moglie di un ex calciatore,
apparentemente una donna normale con una vita
normale, ma in realtà una serial-killer a tutti gli effetti.
Le sue vittime erano quattro, tutte donne di cui la prima
uccisa all'età di diciotto. Martina sarebbe stata la quinta.

"Sono stata salvata in extremis. Quando è arrivato
Enrico, il mio amico, ero svenuta. Mi hanno detto che i
miei polsi erano appena stati recisi. Ma nell'acqua calda
il sangue esce veloce. Avrei potuto già essere morta."

"Come sapeva il suo amico, Enrico, di quale casa si trattava?"

"Eravamo già stati lì, durante la mia ... ehm... indagine. Appena ha letto il mio messaggio, si è precipitato. In macchina col cellulare ha telefonato alla polizia, ma non riusciva a fornire l'indirizzo preciso della villa. La persona con cui parlava sembrava non credergli, gli faceva un sacco di domande a cui non riusciva a rispondere. Si è spazientito e ha lasciato perdere. Invece ha spinto sull'acceleratore come un pazzo per arrivare il più presto possibile. Aveva paura che fossi già morta. Quando è arrivato non era ancora buio. Ma la villa sembrava deserta, tutto chiuso, sbarrato, come l'avevamo visto noi quando ci eravamo andati qualche settimana prima. Lui ha scavalcato il muro di cinta, poi ha bussato alla porta e nessuno ha aperto. Ha sfondato la finestra con un sasso. E' entrato in casa e ha sentito dei rumori che venivano dal piano di sopra dove mi trovavo io. E' arrivato in bagno. Mi ha trovato immersa nell'acqua che era diventata rossa di sangue. Mi ha fasciato i polsi, ha arrestato l'emorragia, per fortuna l'autoambulanza è arrivata in cinque minuti. Mi hanno salvata. In extremis."

"Quali sono i suoi sentimenti per Emma Di Frate?"

"Se mi state chiedendo se la odio per quello che mi ha fatto, no, odiare non è la parola giusta. Non penso neppure di provare compassione o pietà. Dicono che Emma sia una malata di mente. L'ho pensato anch'io

quando ero con lei in quella villa maledetta. Ma non so se
la follia omicida così fredda e calcolata sia solo follia.
Quello di cui sono sicura è che Emma è una donna
fredda, egoista e vuota. Ha ucciso delle ragazze belle e
vitali che davano gioia a se stesse e agli altri, le ha uccise
dicendo che lo «meritavano» perché l'avevano tradita, ma
il loro unico errore era stato quello di diventare amiche di
una donna che non ama nessuno, che detesta se stessa e
la vita, una donna malvagia che io disprezzo."
Sembrava assorta Martina quando pronunciava queste
parole. Non emozionata, ma semplicemente concentrata,
come se cercasse di esprimere al meglio il suo pensiero.
"Emma Di Frate è scomparsa nel momento in cui lei è
stata liberata" aveva detto il conduttore. "E' ancora a
piede libero. Lei pensa che la troveranno?"
"Lo spero."
"Ha idea di dove si possa trovare?"
"Nessuna. Sto però aiutando la polizia nelle indagini."
"Potrebbe essere fuori dal paese?"
"Sì, Emma è una donna facoltosa, ha molti mezzi e
conoscenti."
"Lei pensa che ci sia ancora qualcuno disposto ad
aiutarla? Sapendo che ha fatto ciò che ha fatto?"
"Potrebbe raccontare di essere la vittima di un errore
giudiziario, non crede? La gente che ci è amica è disposta
a crederci, in genere."
"Lei è molto saggia, nonostante la sua giovane età"
l'aveva lusingata il conduttore.

"Non sono giovane e non sono saggia" aveva risposto Martina secca.

Lui aveva proseguito imperterrito come secondo il suo copione:

"Pensa a volte alla sua amica Alida?"

"Sì, penso spesso a lei. Con costernazione, con dolore, perché io... non ho mai voluto bene a nessuno come a lei."

"Come la ricorda?"

"In nessun modo, o meglio, in nessun modo che si possa descrivere."

A questo punto era stato fatto entrare l'ispettore Berutti a cui erano state poste altre domande soprattutto riguardo la meccanica dei delitti. Perché i particolari dei crimini piacevano ai telespettatori.

"Innanzitutto dobbiamo dire ai telespettatori della terribile scoperta che è stata fatta" aveva annunciato il conduttore con voce vibrante di emozione. "Nel seminterrato della casa di Emma Di Frate sono stati trovati seppelliti tre cadaveri. Quello che vogliamo chiedere al commissario Berutti è: avete identificato di chi fossero i corpi?"

"Sì, erano i corpi di due giovani donne che Emma Di Frate aveva conosciuto e di una donna di mezza età, la signora Colombi, madre di una di loro, Alida."

"Per quale ragione è stata uccisa?"

"Sono solo supposizioni, naturalmente, ma crediamo che sia stato perché era in possesso di prove che avrebbero potuto fare incolpare la Di Frate. In particolare, noi supponiamo, una o più foto della villa. Però, come ho detto, possiamo soltanto fare ipotesi. Inoltre, dal modo in cui la signora Colombi è stata uccisa si potrebbe dedurre che sia stata un'azione casuale non un assassinio premeditato come nel caso delle altre. Infatti è stata colpita con un oggetto contundente non meglio identificato."

"Invece le altre donne sono state uccise con premeditazione, ha detto. Uccise tutte allo stesso modo?"

"No, in realtà per i serial killer si parla di un modus operandi sempre uguale. In questo caso non è stato così, proprio perché l'omicida non uccideva per il gusto di uccidere come accade per una gran parte dei serial killer. Il movente c'era, anche se non sempre chiaro. Secondo le nostre ipotesi, naturalmente. La prima vittima è stata strangolata, la seconda accoltellata, la terza è stata avvelenata."

"Sono state uccise tutte nella villa a Lerici in cui è stata trovata Martina?"

"No, sono state uccise a Milano e trasportate poi nella villa."

"La signora ha corso grossi rischi, allora. Trasportare i corpi delle vittime per quasi duecento chilometri..."

"Erano rischi in un certo senso calcolati. E' vero che avrebbe potuto essere fermata, per esempio, sull'autostrada. Ma le probabilità di venire fermati se non si contravviene alle regole sulla velocità sono veramente basse. Tanto più per una donna. Con le donne la polizia è meno sospettosa, meno severa, si suppone che ...”

Aveva continuato a parlare l'ispettore, per la prima volta in televisione, si era goduto il suo momento di popolarità. Grazie al proprio potere, il signor Bertego, ex marito di Emma non era stato nominato. Neppure i giornali più scandalistici avevano fatto il nome di questo ex-calciatore ed ex marito della serial killer più famosa d'Italia. Il commissario Berutti in realtà aveva parlato con lui diverse volte, lo aveva interrogato, sempre alla presenza del suo avvocato. Le domande e i dubbi vertevano essenzialmente su un fatto: l'uomo sapeva o aveva avuto sospetti riguardo alla scomparsa di Alida, sua amante? Aveva cioè mai pensato che la moglie potesse essere responsabile della sua scomparsa? E il fatto che la sua data di partenza per la Cina fosse caduta proprio in quel periodo non era un caso bensì...?

Il signor Bertego aveva risposto deciso: no, non sospettava, non sapeva niente, e poi in quell'ultimo anno i suoi rapporti con la moglie erano ridotti al minimo, in quanto alla sua partenza per la Cina non aveva niente a che fare.

“Non ho materiale per incriminarlo” aveva detto il commissario a Martina e il signor Bertego era ripartito. Anche il nome di Marco era rimasto fuori dalla faccenda. D'altra parte Emma non era la vera madre di Marco e nessuno lo poteva collegare a lei.

Enrico invece, pur invitato, non aveva voluto partecipare alla trasmissione e aveva espresso la sua incredulità quando Martina aveva accettato.

"Continui a sorprendermi. Pensavo che fossi un essere schivo..."

"Schivo? No, ho sempre sognato di andare in televisione."

"Non ci posso credere, tu? Stai scherzando, vero?"

"Non lo saprai mai."

Qualche giorno dopo la comparsa di Martina nella trasmissione, in una bella sera di tarda estate, lei ed Enrico, seduti in un bar alla moda con tanto di palme e acquario, parlavano del loro futuro.

Enrico: "Verrai vivere da me?"

Martina: "No."

Enrico: "Continuerai a vivere da sola?"

Martina: "Certo, cosa credi? Con i miei dopo... l'evento ho fatto una litigata madornale. Volevano a tutti i costi che tornassi da loro. Io ho detto tutto quello che pensavo e abbiamo rotto. Definitivamente."

Enrico: "Con i genitori non si può mai dire definitivamente."

Martina: "Tu credi? Forse sono un po' dura con loro. Ma..."

Enrico: "Non hai più nessuno, neppure Francesco."

Martina: "Francesco, poveretto."

Enrico: "Ogni volta che parli di lui dici poveretto."

Martina: "Sì, poveretto. Oh Dio, mi è scappato."

Enrico: "Dirai anche di me poveretto?"

Martina: "Quando?"

Enrico: "Quando mi lascerai."

Martina: "Perché? Ci dobbiamo lasciare?"

Enrico: "Allora stiamo ancora insieme?"

Martina: "Tu cosa dici?"

Enrico: "Non rimbalzarmi la domanda."

Martina: "Io ti devo la vita."

Enrico: "Questa è riconoscenza. E per di più una frase da film."

Martina: "Cosa vuoi sentire? Sto bene con te se non mi porti al mare."

Enrico: "Mai più."

Martina: "Quindi stiamo ancora insieme. Però..."

Enrico: "Però?"

Martina: "Però devi sapere che ho deciso una cosa, su cui probabilmente non sarai d'accordo. "

Enrico: "Cosa?"

Martina: "Farò la poliziotta."

Enrico: "Cosa?"

Martina: "La poliziotta. L'ispettore mi fa frequentare il corso. Poi diventerò una poliziotta alla sezione criminale naturalmente."

Enrico: "Sei sicura?"

Martina: "Sì."

Enrico: "E perché?"

Martina: "Quante domande... Lasciami gustare queste noccioline non le mangio da una vita."

Un cucchiaino di noccioline, potrebbero essere quindici grammi, una miscela micidiale di calorie, soltanto per un bocconcino. Ne vale la pena.

61407366R00146

Made in the USA
Middletown, DE
11 January 2018